Bリーグ超解説

リアルバスケ観戦がもっと楽しくなるTIPS50

Bリーグ公認アナリスト
著者：佐々木クリス
構成：青木美帆
マンガ：藤野リョウ

KADOKAWA

PROLOGUE

ここが試合会場か…！
ドキドキ…
私の名前は三谷《みつや》あゆみ
うー…
緊張するー！
今日は人生初のBリーグ観戦にやってきました！
最近のバスケ熱の勢いでチケットを取ったはいいものの…
バスケ熱（W杯）
日本〜ッ!!!
感動!!
バスケ熱（映画）
激アツ!!
サイコー!!
試合行ってみたい
Bリーグ会員登録!!
めっちゃ早く着いちゃった
はりきりすぎて…

ネットでいろいろ調べてはきたけど
やっぱ一人は不安だなぁ…
屋台もたくさんあってにぎやか…
アリーナグルメも要チェック!
よし まずは座席の場所の確認から!
今日はスマホが私の命綱だ…
えーっと
席の番号は…と
迷子スキル高すぎて…
すみません ここから先関係者エリアになりますので…
スタッフ
ビクッ
ひぃっ
わ!?
すみません!!
もう迷子でした!!
スポーン…
あ
私の…
命綱っ…!!
あぁあっ
まだ席にも着いてないのに
終わっちゃう!

ザザ
よっと
パシッ
ふー…
ルーズボール！
危なかったね
スポーツライター
大木《おおき》ミホ
！
すみません!!
ありがとうございます
命の恩人!!
がばっ
大丈夫ですか？
はい どうぞ
初めての観戦で
右も左もわからなくて…
お！
Bリーグ初観戦！
いいね！
よかったら
席まで案内しましょうか？
いいんですか!?
ありがとうございます！

ライターさん なんですね！
そう！ 今日は 試合の取材と 打ち合わせ！
大木ミホ
お忙しいところ すみません…
方向オンチで…
全然！ 試合開始まで 時間あるし
それにリーグが 盛り上がるのは うれしいこと だからね
最近 Bリーグに興味を 持ってくれる人 多いんだよ
三谷さんみたいに W杯や映画を きっかけに 見に来るお客さんも いっぱいいるし
一人はもちろん 家族連れから 年配の方まで いろんな人が 来てくれる ように なったんだ
そうなん ですね！
Bリーグ 公式サイトや クラブのHPの 観戦情報も 充実してた でしょ？
はい！
私も チェックして きました！
初めてだけど 楽しめると いいな…！
もちろん！ ビギナー 大歓迎 だから！
さ 着いたよ！
ワァァァァ…
… あらためて
Bリーグに ようこそ！

アァァァァ
わ…！
すごーーい!!
活気が！
ちょうど選手のアップが始まったところだね
選手の練習から見られるんですね！
試合前から気分が上がるよね
ウォームアップする選手を間近に
試合状況はアリーナMCが教えてくれるよ
心強いです！
アリーナMCが試合を盛り上げる!!
本当にお客さんの層も幅広いですね！
でしょ！
さっき通ったところにフードや物販もあるよ
少し回ってみる？
じゃあ…ちょっとだけ…！
グッズ
フード
パネル
コート外にも見どころがいっぱい!!

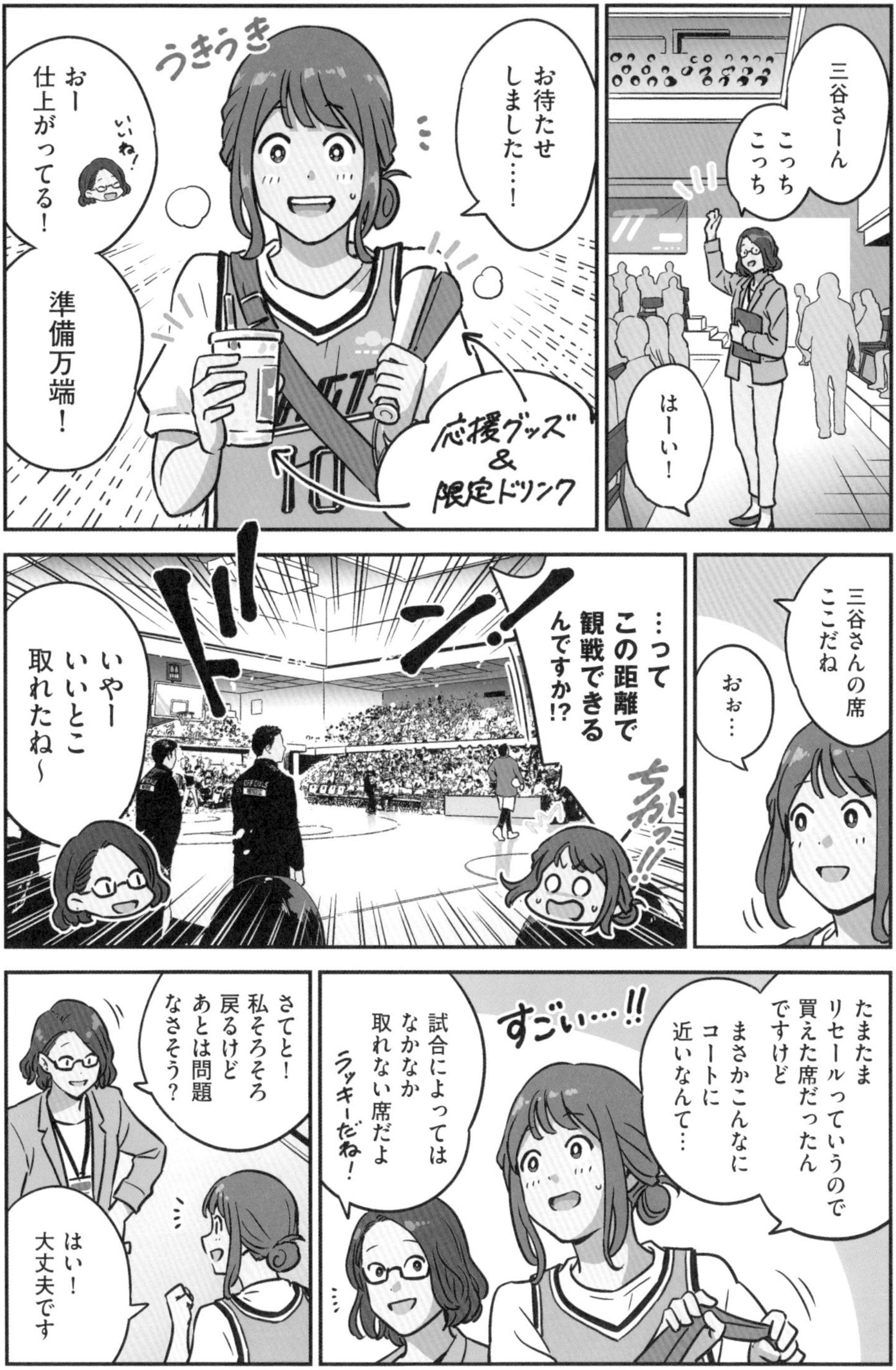
三谷さーん
こっち こっち
はーい！
うきうき
お待たせしました…！
おー 仕上がってる！
いいね！
準備万端！
応援グッズ & 限定ドリンク
三谷さんの席ここだね
おぉ…
ドーン！
…ってこの距離で観戦できるんですか!?
いやー いいとこ取れたね～
ちかっ!!
たまたまリセールっていうので買えた席だったんですけど
まさかこんなにコートに近いなんて…
すごい…!!
試合によってはなかなか取れない席だよ
ラッキーだね！
さてと！私そろそろ戻るけどあとは問題なさそう？
はい！大丈夫です

何から何まで…本当にありがとうございます！
何かお返しできればいいんですけど…
…そうね…
お返し…とは少し違うかもしれないけど
ちょうど三谷さんにお願いごとしたいなーって思ってたんだ
えっそうなんですか？私でよければなんなりと！
ホント!?
いやー実はね…
ブーブー…
あ
よびだし…
ごめん行かなきゃ！
試合後にまた会いましょう！詳しい話はその時に！
わわかりました！
三谷さん！

※会場により演出は変わります。

ワッ
バッ
キュ
キュッ
タッ
ぐっ
ワァァァァ
応援の仕方とか
まだよく
わからないけど
気づけば
自然と
声が出ていた

選手が躍動するたび
会場の空気が揺れる
初心者だけど
よくわからないまま飛び込んでみたけど
すべての瞬間に
釘づけになる…!!

スパッ
ワッ
バスケ…
おもしろい…!!
三谷さん
お疲れ様!
どうだった?
Bリーグ初観戦
もう
めっちゃ
楽しかった
です!!
来てよかった!!!

ルールとかわからないところは大丈夫だった？

ファウル時モニターにルール解説
試合状況をアナウンスで説明
はい！試合中も解説がリアルタイムで確認できるので初心者の私でも試合に集中できました！

慣れてきたら気になる選手を応援するのもいいし
マスコットやチアのパフォーマンスに注目するのも楽しいよ
たしかに！クラブごとにいろいろな特徴があっておもしろそうですね！

帰ったら他の試合も配信で観ます！

チームのSNSや公式も動画をUPしてるよ！

そっちもチェックします！バスケのこともっと知りたいです！

バスケットLIVEで全試合配信!!

いいね！

よし！じゃあさっきの話本格的にお願いしちゃおうかな！

もちろん！喜んで！

大木さんお疲れ様！

お！ちょうどいいところに

※会場によって変わります。

お疲れ様です！
あれ？ この人 さっき アリーナMCしてた…
お お疲れ様です
初めまして
クリスです！
キラーーーン
アリーナMC改め
Bリーグ公認アナリスト
佐々木クリス
こちらの方が？
そうです！
我らが期待の Bリーグ ビギナー
読者代表 三谷あゆみさん です!!
ドーーーン
…え？
??
て…展開が早くて…
…ドクシャダイヒョー？
ビックリさせちゃいましたね
申し訳ない
ごめんごめん！ ちゃんと説明するね

実は私たち
これからBリーグビギナー向けの観戦ガイドを作ることになってるの
今日はその打ち合わせ！
バスケを知らない人にもわかりやすい本にしたいから
ビギナー目線の意見が欲しいなって話してて…
ビギナー目線…
バスケに興味をもってくれた人がもっと楽しめるように
Bリーグの情報や知識をわかりやすく伝える本にしたいんです
もしよかったら協力していただけるとありがたいです！
どう…でしょう？
しーん…
ちょっと強引だったかな？
ご、ごめんね
…イヤ
いや…？

いやったぁ!!

こちらこそぜひお願いします!!

ホント!? ありがとう!!

紛らわしっ!!

バスケのこと Bリーグのこと なんでも知りたいです!

素人《シロート》なので!

いいね いいね!

伝えがいが あるって ものだわ!

ビギナー代表として頑張ります!

孤高の方向オンチ改め
Bリーグビギナー・読者代表
三谷あゆみ
まずは私が Bリーグの 基礎知識を 教えるね!

ミホって呼んでね♪

そのあと 僕が戦術を 解説します!

よろしく お願いします!!

私もあゆみでいいです!

初めての Bリーグ観戦 そして 大木さんと クリスさんとの 不思議な 出会いを通じて
私とバスケの 日々が始まり ました

PREFACE
まえがき

日本中に吹き荒れているバスケ旋風。あなたと同じように多くの人々が新たにバスケットボールと恋に落ちたはずです。Bリーグも未だかつてない注目を浴びる存在となり、選手たちは全身全霊をかけたプレーで日本各地の人々を歓喜させてくれています。この本は恋に落ちたばかりのあなたや再び恋に落ちたみなさんに寄り添い、ともに観戦力を高めていく、そんな存在になりたいと作ったもの。そう、僕がバスケに恋した時に寄り添ってくれた数々の出会いと同じように。

思い返せば1995年、12月。文字どおり僕の身体に稲妻が走りました。「うっそ、人間にこんなことができるんだ。オレもこんなふうになりてぇー」。当時中学生だった僕がハイライト集ではなく、初めてプロバスケットボールの試合中継を観戦したその日。僕はあなたのように恋に落ちたのです。その瞬間から想いを寄せるバスケットボールや選手たちのことが知りたくて、知りたくて、寝ても覚めても雑誌や本の隅から隅まで目を通しました。そして、そこから写真を切り抜いては部屋の壁紙が一切見えなくなるまで貼り付け、場所がなくなったら天井にも。朝になったら目を覚ます視線の先に1番のお気に入り選手のポスターを貼ったのを今でも忘れません。

いつか手が届くだろうかと夢心地でテレビ観戦した数々の試合。選手たちの一挙手一投足にのめり込みながら、もっと知りたい、いったいどんなことを考えているんだろう。そんな気持ちを日々抑えきれませんでした。気づけば僕は大人になり、今も引き続きバスケットボールを追いかけています。今やその道のりで出会った人々や経験そのすべてが僕にとってかけがえのないものとなりました。

ここからは恋するもの同士、一緒に進みましょう。

みなさんがバスケットボール、そしてBリーグとともに歩む人生が豊かで笑顔に溢れていますように。

2024年2月　佐々木クリス

CONTENTS

※すべての情報は2024年1月時点のものです。

ワーーッ
ガコン

CHAPTER 1

初めての Bリーグ観戦へ ようこそ

TIPS 01

B.LEAGUE（Bリーグ）の成り立ちを知ろう

まずは私がBリーグのことを説明します

B.LEAGUE（Bリーグ）は、2016年9月に開幕した日本の男子プロバスケットボールリーグ。**正式名称を『ジャパン・プロフェッショナル・バスケットボールリーグ』**といいます。

Bリーグは2023－24シーズン現在、1部のB1リーグ（B1）24チーム、2部のB2リーグ（B2）14チームの**計38チーム**で構成されています。北は北海道、南は沖縄まで日本の各地方にクラブが点在していて、日本のどこに住んでいても、県を一つまたげばBリーグの試合を生観戦することができます。

Bリーグが開幕する以前、日本には二つのバスケットボールリーグがありました。一つは日本バスケットボール協会（JBA）傘下で、プロチームと実業団チームが混在する**『ナショナルバスケットボールリーグ（NBL）』**。もう一つは2005年にJBAから独立する形で誕生した完全プロリーグ**『日本プロバスケットボールリーグ（bjリーグ）』**。

日本各地にあるBリーグクラブ

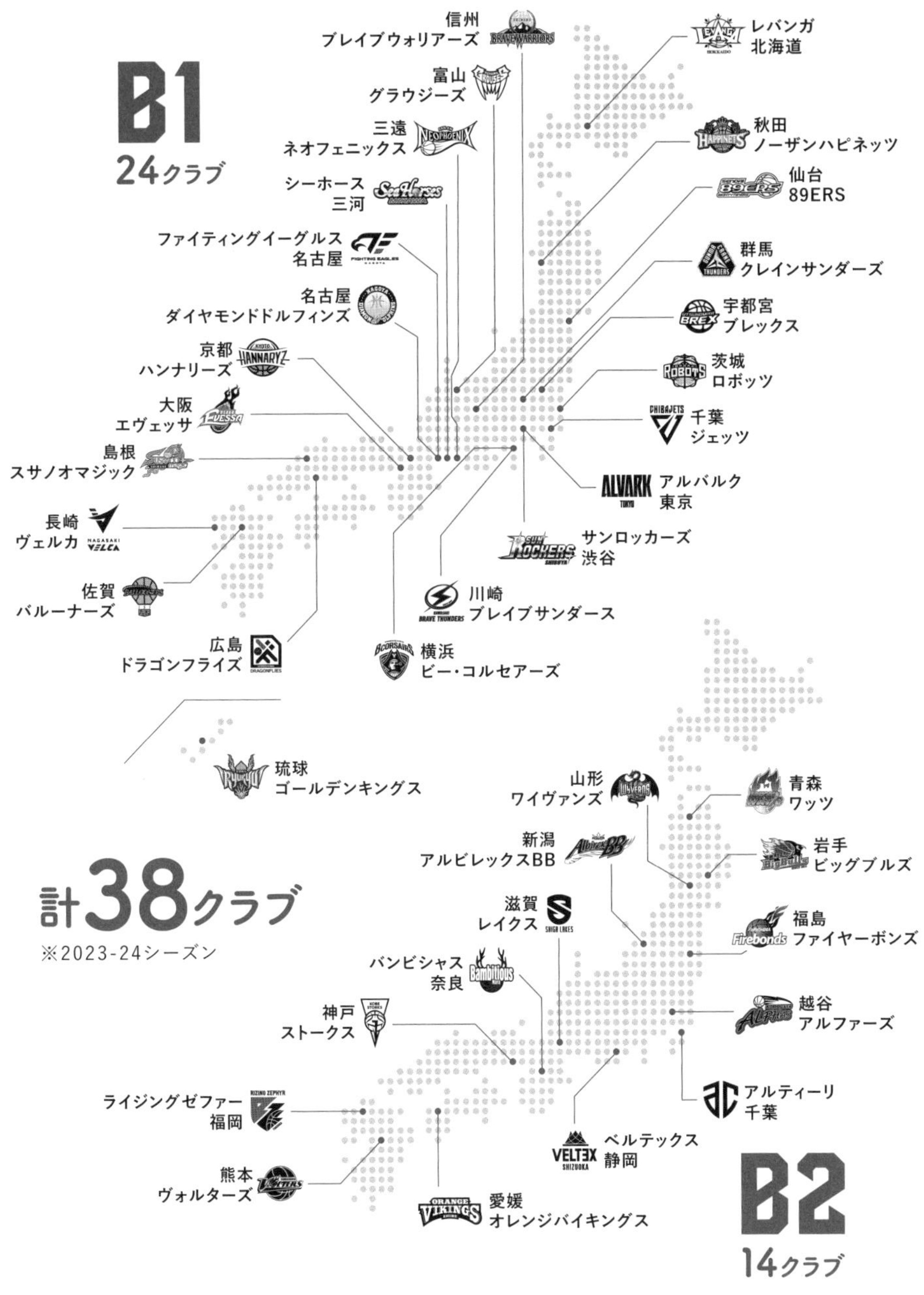
B1
24クラブ
信州ブレイブウォリアーズ
富山グラウジーズ
三遠ネオフェニックス
シーホース三河
ファイティングイーグルス名古屋
名古屋ダイヤモンドドルフィンズ
京都ハンナリーズ
大阪エヴェッサ
島根スサノオマジック
長崎ヴェルカ
佐賀バルーナーズ
広島ドラゴンフライズ
琉球ゴールデンキングス
レバンガ北海道
秋田ノーザンハピネッツ
仙台89ERS
群馬クレインサンダーズ
宇都宮ブレックス
茨城ロボッツ
千葉ジェッツ
アルバルク東京
サンロッカーズ渋谷
川崎ブレイブサンダース
横浜ビー・コルセアーズ
計38クラブ
※2023-24シーズン
山形ワイヴァンズ
新潟アルビレックスBB
滋賀レイクス
バンビシャス奈良
神戸ストークス
ライジングゼファー福岡
熊本ヴォルターズ
愛媛オレンジバイキングス
青森ワッツ
岩手ビッグブルズ
福島ファイヤーボンズ
越谷アルファーズ
アルティーリ千葉
ベルテックス静岡
B2
14クラブ

二つのリーグはそれぞれが独立した活動を行っていましたが、国際バスケットボール連盟（FIBA）はこれを国内バスケットボールを統括すべき存在であるJBAのガバナンス（管理・統治などの意）不足と判断し、リーグを統一するよう要求。ですが、統一に向けた取り組みはなかなか進まず、2014年には**男女すべてのカテゴリーの日本代表が国際大会への出場資格を停止される**という前代未聞の事態にまで陥りました。その後2015年1月に発足した改革チーム「JAPAN 2024 TASKFORCE」の働きもあり、同年7月「ジャパン・プロフェッショナル・バスケットボールリーグ」が設立。同年9月に**「B.LEAGUE」というリーグ名が決定**しました。

2016年9月22日。東京・国立代々木競技場第一体育館で、記念すべきBリーグ初年度開幕戦が行われました。対戦したのは、元NBLのアルバルク東京と元bjリーグの琉球ゴールデンキングス。世界初の運用となった、全面LED張りのバスケットボールコートで繰り広げられる歴史的な一戦を、9132人の観客が見守りました。

以後、Bリーグは様々なチャレンジを推し進めながら、プロ野球、Jリーグにならぶ国内プロスポーツリーグ、そして**アメリカのNBAに次ぐ世界2位のプロバスケットボールリーグを目指しています**。

Bリーグの歴史

2015年

1月　「JAPAN 2024 TASKFORCE」発足　川淵三郎氏がチェアマンに就任
7月　ジャパン・プロフェッショナル・バスケットボールリーグ設立
8月　B1・B2参加36クラブ決定
【B1】●東地区：レバンガ北海道、秋田ノーザンハピネッツ、仙台89ERS、栃木ブレックス、千葉ジェッツ、アルバルク東京　●中地区：サンロッカーズ渋谷、川崎ブレイブサンダース、横浜ビー・コルセアーズ、新潟アルビレックスBB, 富山グラウジーズ、三遠ネオフェニックス　●西地区：シーホース三河、名古屋ダイヤモンドドルフィンズ、滋賀レイクスターズ、京都ハンナリーズ、大阪エヴェッサ、琉球ゴールデンキングス
【B2】●東地区：青森ワッツ、岩手ビッグブルズ、山形ワイヴァンズ、福島ファイヤーボンズ、茨城ロボッツ、群馬クレインサンダーズ　●中地区：アースフレンズ東京Z、東京エクセレンス、信州ブレイブウォリアーズ、Fイーグルス名古屋、西宮ストークス、バンビシャス奈良　●西地区：広島ドラゴンフライズ、島根スサノオマジック、香川ファイブアローズ、愛媛オレンジバイキングス、熊本ヴォルターズ、鹿児島レブナイズ
9月　「B.LEAGUE」リーグ名・ロゴ決定　チェアマンに大河正明氏が就任

2016年

9月　B.LEAGUE初年度が開幕。こけら落としはA（アルバルク）東京vs琉球

2017年

1月　「EAST ASIA CLUB CHAMPIONSHIP 2017」開催、川崎と安養KGC（韓国）が対戦
「B.LEAGUE ALLSTAR GAME 2017」が東京で初開催
5月　栃木がB1初代王者
秋田と仙台がB2降格、西宮と島根がB1昇格
CS最優秀選手賞は古川孝敏（栃木）
B1レギュラーシーズン最優秀選手賞はニック・ファジーカス（川崎）
9月　東北、関東、東海、北陸、関西で「B.LEAGUE EARLY CUP 2017」初開催
10月　熊本・九州北部復興支援活動「B.LEAGUE HOPE All-STAR PROJECT 2018」が始動

2018年

1月　若手選手の発掘プロジェクト「B.DREAM PROJECT」実施
「B.LEAGUE ALL-STAR GAME 2018」熊本で開催
5月　A東京がB1優勝
島根と西宮がB2降格、秋田と福岡がB1昇格
CS最優秀選手賞は田中大貴（A東京）
B1レギュラーシーズン最優秀選手賞は比江島慎（三河）

▼
▼
▼

2019年

1月　「B.LEAGUE ALL-STAR GAME 2019」富山で開催
5月　A東京がB1連覇。福岡がB2降格、島根がB1昇格
CS最優秀選手賞は馬場雄大（A東京）
B1レギュラーシーズン最優秀選手賞は富樫勇樹（千葉J）
7月　新人選手研修を実施
9月　「FIBA Asia Champions Cup 2019」でA東京が優勝
9月　B1B2ともに中地区を廃止し、2地区制で開幕

2020年

1月　「B.LEAGUE ALL-STAR GAME 2020」北海道で開催
2月　新型コロナウィルス感染拡大の影響でB1、B2リーグ戦の中断を決定
3月　無観客での再開を経て、全試合中止を決定
5月　信州と広島がB1昇格、B2降格はなし
B1レギュラーシーズン最優秀選手賞は田中大貴（A東京）
7月　島田慎二氏がチェアマンに就任

2021年

1月　「B.LEAGUE ALL-STAR GAME 2021 IN MITO」中止
5月　千葉Jが初優勝。群馬と茨城がB1昇格、B2降格チームはなし
CS最優秀選手賞はセバスチャン・サイズ（千葉J）
B1レギュラーシーズン最優秀選手賞は金丸晃輔（三河）
10月　「B.LEAGUE U18 CHAMPIONSHIP」初開催

2022年

1月　「B.LEAGUE ALL-STAR GAME 2022 IN OKINAWA」開催中止
5月　宇都宮がB1優勝。名古屋と仙台がB1昇格、B2降格はなし
CS最優秀選手賞は比江島慎（宇都宮）
B1レギュラーシーズン最優秀選手賞は藤井祐眞（川崎）
9月　B1は3地区制が復活、B2は2地区制で開幕

2023年

1月　「B.LEAGUE ALL-STAR GAME 2023」を茨城で開催
3月　東アジアスーパーリーグ「EASL Champions Week」に宇都宮と琉球が出場
5月　琉球が初優勝。新潟と滋賀がB2降格、佐賀と長崎がB1昇格
CS最優秀選手賞はアレン・ダーラム（琉球）
B1レギュラーシーズン最優秀選手賞は河村勇輝（横浜BC）
7月　2026年に実施されるリーグ改革「B.革新」の概要を発表、世界に伍する競技力を備える「Bリーグプレミア」を新設

TIPS 02

Bリーグの基礎知識を押さえよう

次に、Bリーグの全般的なことについて、2023-24シーズンを例にとって説明します

年間スケジュール

Bリーグの**レギュラーシーズンは毎年10月に開幕し、B1は5月初旬、B2は4月末に閉幕**します。クラブによっては8月末から9月にかけてプレシーズンマッチを行います。

レギュラーシーズンの**年間試合数は60試合**。各クラブは**1週間に2試合ないし3試合**を戦います。2試合の場合は土曜日と日曜に2日連続（金曜と土曜、日曜と月曜になることも）、3試合の場合はこれに水曜ゲームが加わります。

また、レギュラーシーズン中には、**オールスターゲームや天皇杯**（学生チームや社会人チームを含めた日本一を決めるトーナメント戦）、年によっては日本代表チームの活動が差し込まれ、1週間から3週間ほどの試合休止期間が設けられることもあります。

この休止期間はよく「**バイウィーク**」という言葉で表現されます。

レギュラーシーズン60試合で上位に入ったチームは、B2は4月末、B1は5月初旬から約1カ月間のポストシーズン（上位チームによる順位決定戦）に突入。**B1は「チャンピオンシップ」、B2は「プレーオフ」という名称のトーナメント戦**を戦い、5月末にシーズン終了を迎えます。

年間スケジュール

※スケジュールは予定になります。

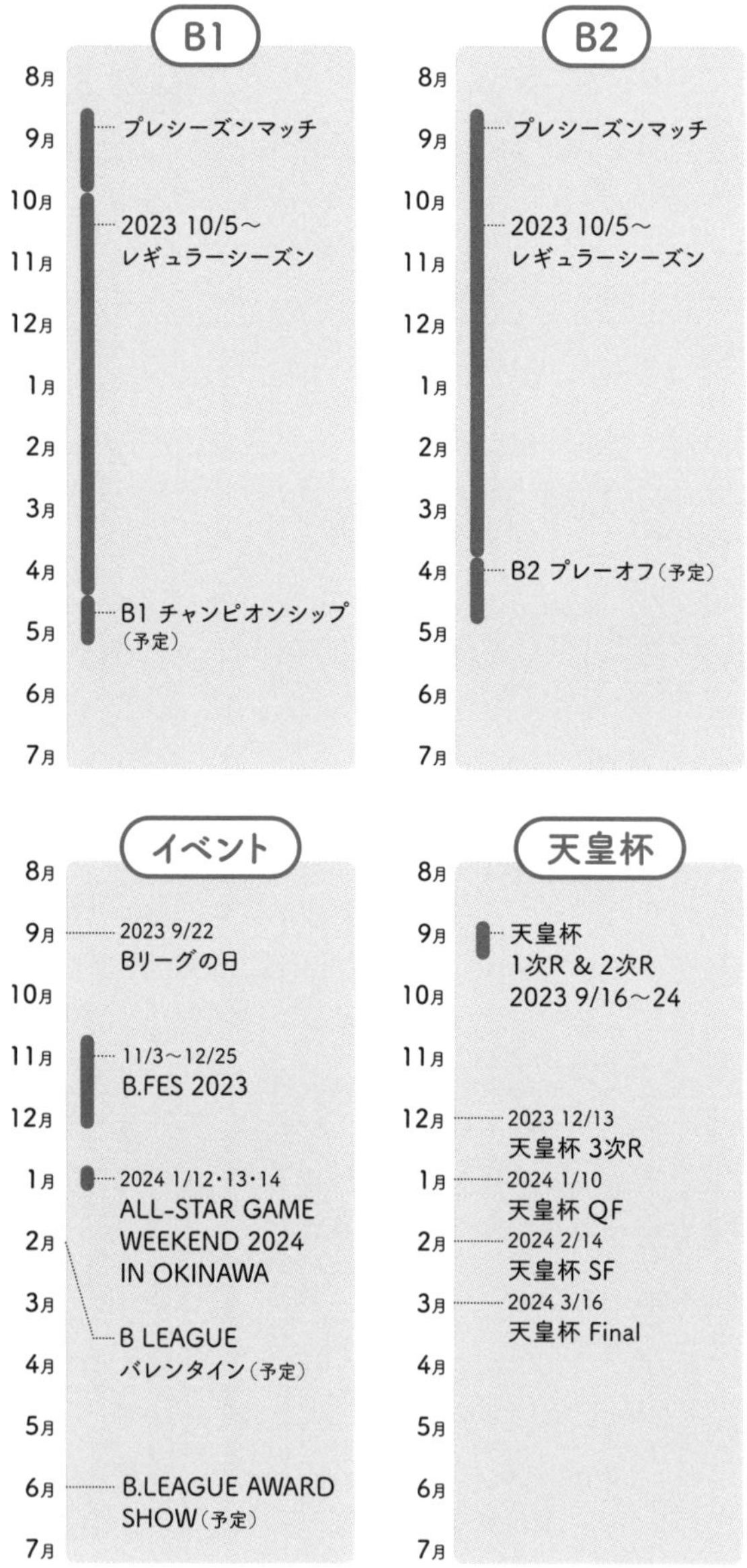
B1
8月 9月 10月 11月 12月 1月 2月 3月 4月 5月 6月 7月
プレシーズンマッチ
2023 10/5～
レギュラーシーズン
B1 チャンピオンシップ（予定）
B2
8月 9月 10月 11月 12月 1月 2月 3月 4月 5月 6月 7月
プレシーズンマッチ
2023 10/5～
レギュラーシーズン
B2 プレーオフ（予定）
イベント
8月 9月 10月 11月 12月 1月 2月 3月 4月 5月 6月 7月
2023 9/22
Bリーグの日
11/3～12/25
B.FES 2023
2024 1/12・13・14
ALL-STAR GAME
WEEKEND 2024
IN OKINAWA
B LEAGUE
バレンタイン（予定）
B.LEAGUE AWARD
SHOW（予定）
天皇杯
8月 9月 10月 11月 12月 1月 2月 3月 4月 5月 6月 7月
天皇杯
1次R & 2次R
2023 9/16～24
2023 12/13
天皇杯 3次R
2024 1/10
天皇杯 QF
2024 2/14
天皇杯 SF
2024 3/16
天皇杯 Final

レギュラーシーズンのフォーマット（競技方式）

レギュラー**シーズン中にすべてのクラブと対戦**します。東・中・西の3地区に分かれているB1は、自地区のクラブとは4試合、他地区とは2試合。東西2地区のB2は自地区と6試合、他地区と2試合、任意に選ばれる他地区の5クラブとさらに2試合を戦います。

クラブの**順位は勝率（勝ち試合の数÷成立した試合数）によって決められます**。勝率で並ぶクラブがある場合は、次の優先順位によって順位を決定します。

1　当該クラブ間の全対戦で勝率が高いクラブ
2　当該クラブ間の全対戦で得失点差が多いクラブ
3　当該クラブ間の全対戦における平均得点数が多いクラブ
4　レギュラーシーズン中の全試合で得失点差が多いクラブ
5　レギュラーシーズン中の全試合で平均得点が多いクラブ
6　抽選

上位8クラブがポストシーズンに出場し（詳細は次ページ）、**B2上位2クラブはB1に自動昇格。下位2クラブはそれぞれB2、B3に自動降格となります**。

ポストシーズンのフォーマット

B1チャンピオンシップは、各地区の上位2クラブと、上記を除く18クラブの上位2クラブ（「**ワイルドカード**」と呼称されます）の8クラブ。準々決勝（クォーターファイナル）、準決勝（セミファイナル）、決勝（ファイナル）はいずれも2試合が実施され、1勝1敗で並んだ時のみ第3戦が行われます。

B2プレーオフは、各地区の上位3クラブと、上記を除く8クラブの上位2クラブが出場し、準々決勝、準決勝、決勝、3位決定戦が実施されます。

優勝をかけた
短期決戦のポストシーズンは、
レギュラーシーズンとは
一味違ったハラハラドキドキを
味わえます！

TIPS 03 これがわかればとりあえずOK! バスケの基本ルール

一般的なバスケットボールのルールだけでなく、Bリーグ独自のルールについても紹介します!

競技の目的と攻める方向

バスケットボールはコートの両端に設置されたリングにボールを入れ、お互いの点数を競うスポーツです。**前半は自チームのベンチ側のリング、後半は反対のリングに向かって攻めます**。

点数

1回のシュートで1点、2点、3点のいずれかの得点を獲得でき、**点数はシュートを放つエリアとシチュエーションによって変わります**。

3点シュートは「3ポイントシュート」、2点

ホームチームの攻める方向

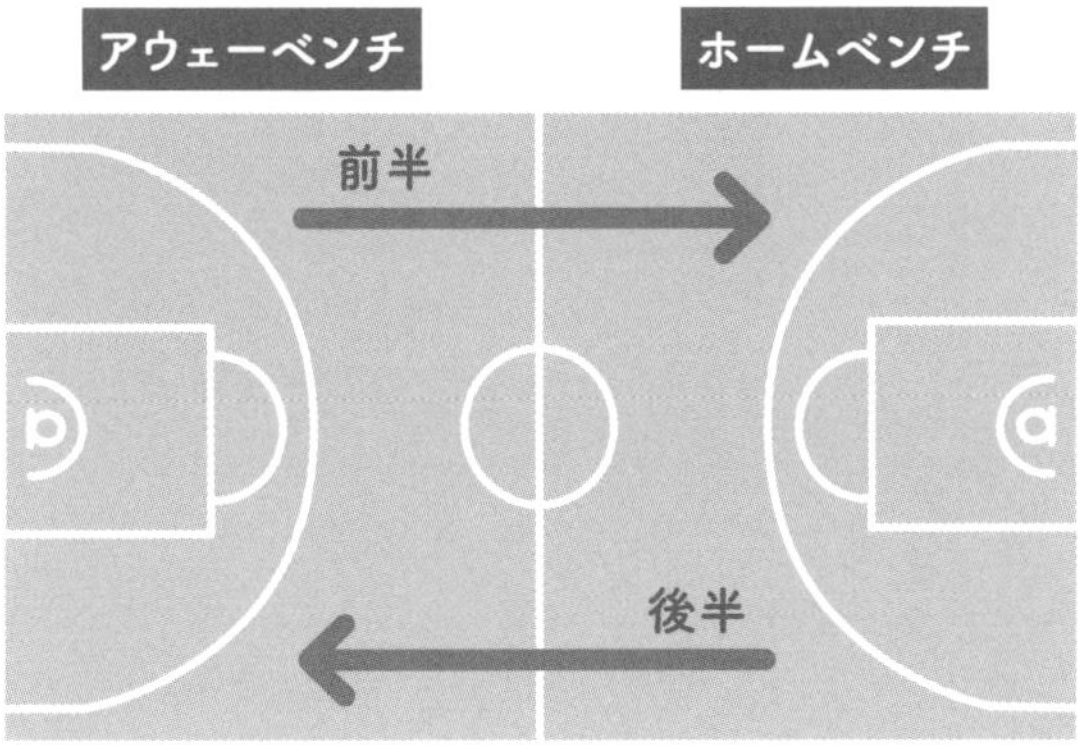

シュートは「2ポイントシュート」と呼びます。

試合時間

試合時間は10分×4回。**10分のまとまりを「クォーター」**と呼び、**第1&2クォーターが「前半」**、**第3&4クォーターが「後半」**です。また、第1と第2、第3と第4の間に2分、前半と後半の間に15分もしくは20分の休憩をはさみます（クラブやハーフタイムイベントの内容などによって変更されます）。

第4クォーター終了時に同点だった時は2分間の休憩後に**5分間の延長戦**が行われ、決着がつくまでこれを繰り返します。

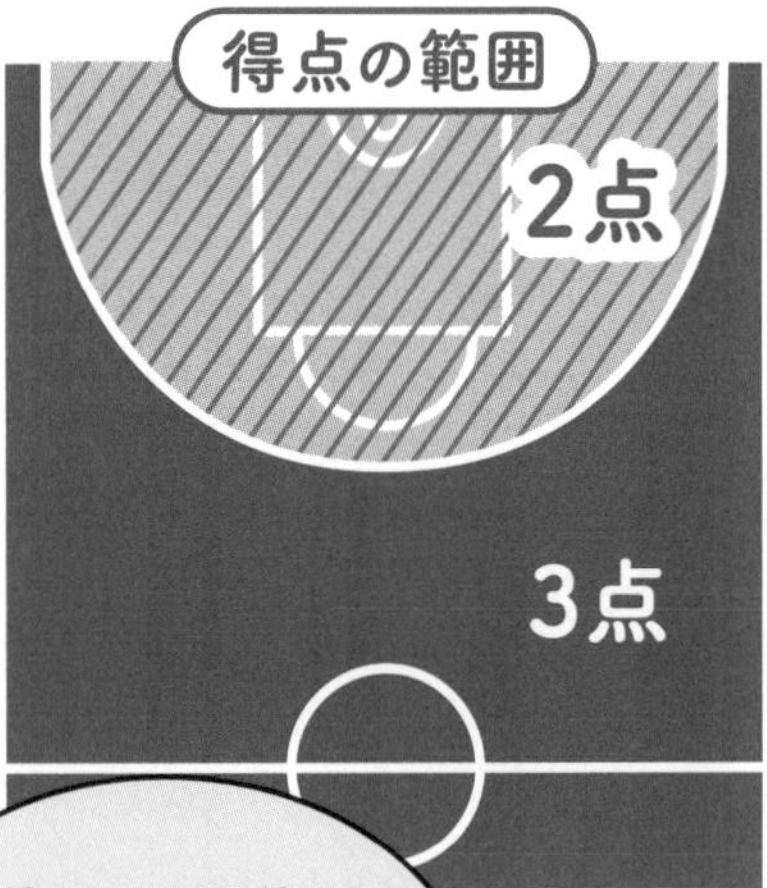
得点の範囲
2点
3点

TRIVIA!

「シュート」なのか、「ショット」なのか？

日本では「3ポイントシュート」と呼ばれることが多いですよね。英語の文法上、名詞はショット、シュートは動詞なので、3ポイントシュート（3-point shot）は「3ポイントショット」が正しいのですが、この本では一般的になじみがある「シュート」で統一しました！

斜線のエリア以外からのシュートは全部3点。
相手にファールされた時にボーナスで放てる「フリースロー」は1点です。

時間経過

コートからボールが出たり、ファール（反則）があったら**審判が笛を吹き、ゲームクロック（タイマー）がストップ**します。審判が笛を鳴らし、ボールがコート上の選手に投げ入れられると、クロックが再開します。

選手交代

コート上では各チーム5人がプレーします。**選手交代は何回でも行えます**。Bリーグ独自のルールとして、外国籍選手は2人まで、帰化選手もしくはアジア特別枠選手は、1人まで同時にコートに立てます。

アジア特別枠選手とは中国、チャイニーズ・タイペイ、インドネシア、フィリピン、韓国のいずれかの国・地域の選手のことです。

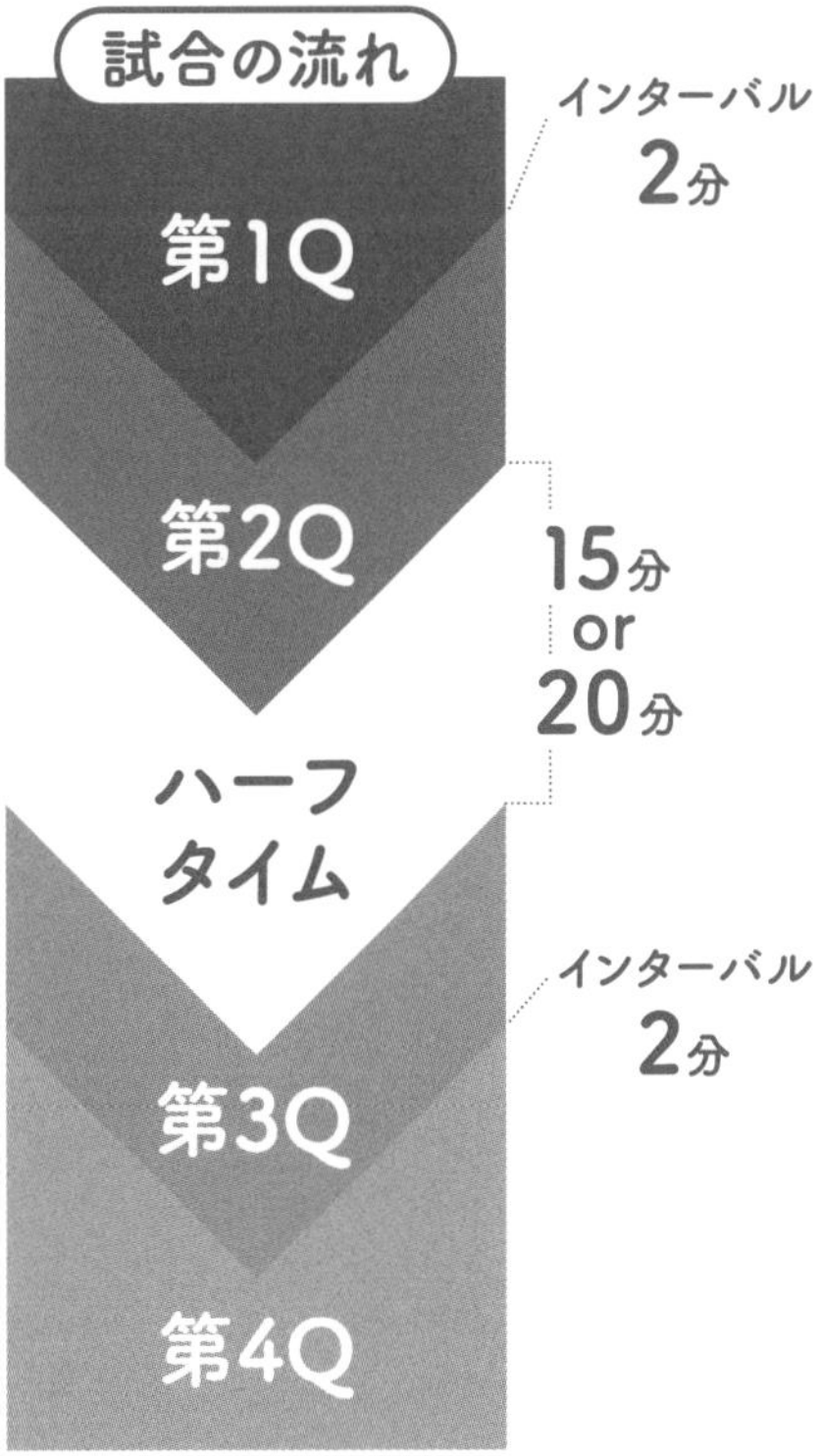
試合の流れ
第1Q
インターバル
2分
第2Q
15分
or
20分
ハーフ
タイム
インターバル
2分
第3Q
第4Q

ポジション

各選手は基本的に5つのポジションに分類されます。

各ポジションは
PG=1番、SG=2番、
SF=3番、PF=4番、C=5番と
番号で表現されることもあります。

ポジションについて

C
センター
攻守とも肉弾戦で
体を張る頼もしい屋台骨
PF
パワーフォワード
Cと協力しながら肉弾戦を繰り広げ、
時に3ポイントでも貢献
SG
シューティングガード
PGのサポートを行いながら
得点を取る
SF
スモールフォワード
点取り屋。
相手エースを抑える役割も
PG
ポイントガード
得点を取る方法を考え、
指示を出す

TIPS 04 観戦チケットの取り方&エリアで異なる座席の魅力

スケジュールをチェック！

Bリーグの**チケットは「B.LEAGUE TICKET（Bリーグチケット）」（https://bleague-ticket.psrv.jp/）のみで販売**されています。まず、サイトを開き、観戦に行きたい日程や見てみたいクラブ名で検索をしてみましょう。対戦カードや会場、開始時間などをチェックして観戦する試合を決めます。

チケットサイトの会員登録を行い、チケットを購入

会員登録を行ったら、観戦したい試合を選び**チケットを購入**します。「ファンクラブ」は、ファンクラブへの入会が必要な座席です。「リセール」は観戦に行けなくなった人が、自分で希望した価格で、購入を希望する人へ販売できる制度です。売る側はチケットを無駄にしなくて済みますし、買う側は、

タイミングが合えば、売り切れていた席種のチケットを買うことができるかもしれません（リセールを実施していないクラブ、試合もあります）。

好みのエリアを選ぶ

観戦エリアの好みは人によってそれぞれですが、左の図で紹介したような特徴があります。

チケットがなかなか取れない時はどうする？

人気のあるクラブの試合は、一般発売が開始したと思ったらすぐに完売ということもしばしば。試合日直前まで**リセールがあるクラブなら、情報をこまめにチェック**して、望みをつなぎましょう。

すでに応援したい選手やクラブが決まっている人は、クラブの**ファンクラブ会員になる**のがおすすめです。ファンクラブ会員になると、一般発売より早いタイミングでチケットを購入することができるので、入手確率が高まります。

SNS上で「チケットを譲ります」と投稿している人とやり取りをしてチケットを入手したり、フリマサイトに売り出されたチケットを購入する人もいますが、法外な値段を提示される、支払いを済ませたのにチケットを受け渡してくれない、偽物のチケットで入場できなかった、チケット売買を装った出会い系トラブルに巻き込まれるといったリスクがあるので、おすすめしません。

私もリセールを利用して席をゲットしました！

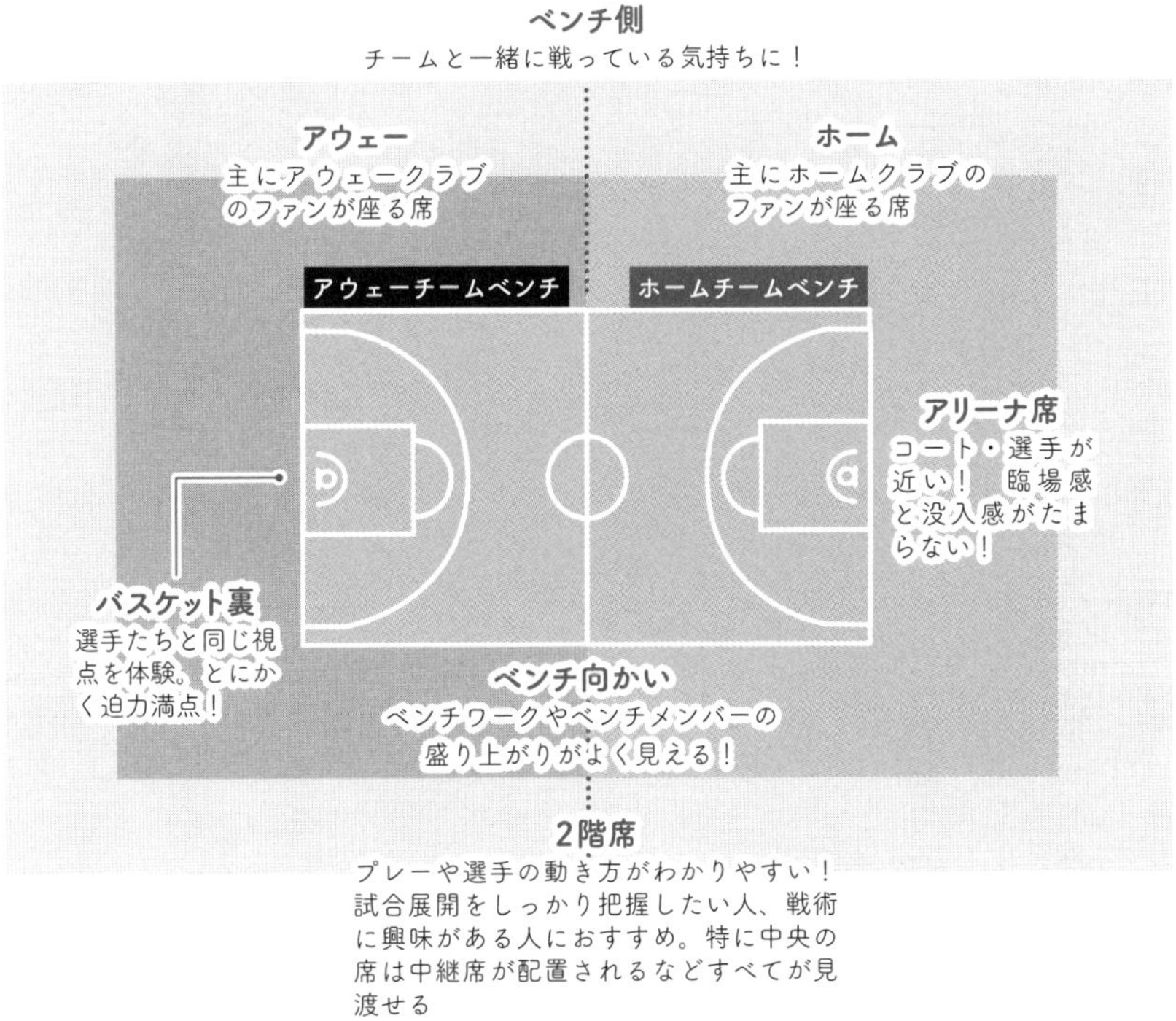
ベンチ側
チーム と一緒に戦っている気持ちに！
アウェー
主にアウェークラブのファンが座る席
ホーム
主にホームクラブのファンが座る席
アウェーチームベンチ
ホームチームベンチ
アリーナ席
コート・選手が近い！ 臨場感と没入感がたまらない！
バスケット裏
選手たちと同じ視点を体験。とにかく迫力満点！
ベンチ向かい
ベンチワークやベンチメンバーの盛り上がりがよく見える！
2階席
プレーや選手の動き方がわかりやすい！試合展開をしっかり把握したい人、戦術に興味がある人におすすめ。特に中央の席は中継席が配置されるなどすべてが見渡せる

TIPS

05 試合に行こう！当日のタイムスケジュール

チケットを購入したら、いざアリーナへ！生観戦がより楽しくなるためのポイントを紹介します！

会場への行き方を知りたい！

アリーナへの**アクセス方法は、各クラブ公式サイトで確認**することができます。試合当日は会場付近の道路や駐車場が混雑するので、自家用車やバスでの来場を検討される方は余裕を持って出発するといいでしょう。

持ち物や服装はどうしたらいい？

原則として、**チケットとお財布があれば問題なし！** 分厚い防寒着を用意したり（薄手の羽織物やひざ掛けはあったほうがベター）、動きやすい服装を選ぶ必要もなし！ **気温や天候を気にせず身軽に出かけられる**のは、屋内スポーツのバスケットボールならではです。

一部のアリーナでは会場内での土足が禁止されています。**クラブ公式サイトのアリーナ情報を確認**し、必要なら内履きを持っていくことをお忘れなく。また、大きな音が苦手な方は、イヤーマフなどを持参したほうが安心かもしれません。

アリーナには何時に行けばいいの？

バスケットボールはハーフタイムも含めて2時間程度で試合が終わるとてもコンパクトなスポーツですが、Bリーグでは**試合前後にもたくさんの楽しい仕掛けが用意**されています。基本的なタイムスケジュールを参考にして来場時間を決めましょう（詳細なタイムスケジュールはクラブや試合によって異なります）。

2時間前＝会場オープン

- アリーナ周辺やアリーナ内で、**ここでしか食べられないグルメや応援グッズ**をゲット！
- 地域の学生チームやユースチームによるエキシビションマッチが開催されることも
- **コートで選手たちがリラックス**しながら体を動かしている様子もチェックして

30分前＝選手入場、ウォーミングアップ開始

- カッコいい演出とともに**選手がコートイン！**
- 徐々に本気モードに切り替わっていく選手たちの表情に注目！
- **かわいいマスコット**の動きにも要注目！

5分前＝選手紹介

0分＝ティップオフ（試合開始）

- 華麗なシュートや激しい接触に大興奮！1プレーも見逃さないで！
- わからないプレーがあったら**MCの言葉に耳を傾けてみよう**

約1時間後＝ハーフタイム（15分もしくは20分間）

- 第2クォーターが終了したら小休止
- **チアのパフォーマンスショー**やゲストによるライブパフォーマンスなど見どころ満載！
- **お手洗いは余裕を持って。**特に女子トイレは大行列なので要注意！

約2時間後＝試合終了

- 両チームにねぎらいの拍手と歓声を！
- ホームチームの**インタビュー＆コートを一周してのあいさつ**もお見逃しなく！
- 公共交通機関が混雑するので、お子さん連れは早めの退場を検討しても

※タイムスケジュールや実施イベントはクラブによって異なります

試合をよりディープに楽しむポイントは、CHAPTER2以降で、僕から紹介させていただきます！

TIPS

06

試合観戦をする際に気をつけたいこと

より多くの人が気持ちよく試合を観戦できるように、Bリーグではいくつかの観戦マナーとルールが設けられています。その他、注意しておきたいポイントもまとめました！

手荷物検査の実施

入場時にはチケットの確認に加えて手荷物検査が実施され、持ち込み不可なものや危険物がないかを確認します。必ず協力しましょう。

応援マナーを守ろう

どれだけ試合がヒートアップしたとしても、選手やチーム関係者、審判、相手チームのファンらを**侮辱するような発言、行為は絶対に行わないで**ください。

持ち込み禁止

太鼓やホーン等の楽器類

花火や銃器等の危険物

承認なき横断幕
差別侮辱内容の幕

禁止行為

公序良俗に反する発言や行為

コートにものを投げ込むことやコートへの侵入

フラッシュ、周囲の妨げになる機材での撮影

他のお客さんに迷惑をかけない

荷物で通路をふさいだり、自由席に荷物を置いたりするのはNGです。通路で立ち止まっての観戦・応援や、自席から立ち上がっての応援はトラブルにつながるので気をつけましょう。

また、Tシャツやサインボールの投げ込みが行われる際は、走ったり移動したりせず、**自分の席でアピール**するように心がけましょう。

写真・動画撮影はルールを守って

Bリーグでは試合中の**動画や写真の撮影**と、それらを撮影した本人がSNSなどのインターネット上で**公開すること許可**しています。しかし、**コート内での動画撮影は15秒以内**まで、**コート内外でのライブ配信は禁止**です。もちろん、営利目的の撮影もNGです。

また、隣や後方の人の視線を妨げるような撮影は行わないよう心がけましょう。

ボールの行方には要注意

アリーナの前方の席には、**ボールや選手が飛び込んでくる可能性がある**ので、ボールや選手の動きから目を離していると思わぬケガをする可能性があります。小さなお子さん連れの方は、特に気をつけてください。

これら以外にも、再入場、飲食物の持ち込み、未就学児のチケットの取り扱いなどに**独自の観戦ルールを設けているクラブもある**よ。

そうなんですね。そういえばこの間の観戦でも、会場に行って初めて知ったマナーやルールがたくさんありました。これから他のクラブの試合を見に行く時に、ちょっと心配です……。

観戦に行く**クラブのホームページを事前に確認**しておくと、当日安心して試合を楽しめると思うよ！

了解です！　しっかりチェックしておきますね！

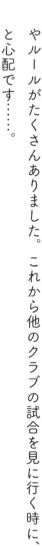

TIPS 07

試合観戦×旅行で楽しみ倍増！ アウェー観戦のすすめ

“Bの沼”をもっと楽しみたい人、遠方のチームのファンになったという人にぜひおすすめしたいのが観戦旅行。普段とは少し違う、特別な週末を過ごしてみては？

近場のアリーナでの試合観戦に慣れ、もっとBリーグ観戦を楽しみたくなった方は、ぜひ**選手たちと一緒に「遠征」をしてみてはいかがでしょうか**。

様々な特色を持つ日本各地のアリーナを訪れると、いつも応援しているチーム・選手の**一味違った表情を見ることができたり、新たな楽しみを発見することができるかも**しれません。

そして何より、「バスケ観戦」を通じて今まで行ったことのない土地を訪れ、ご当地ならではの観光スポットやおいしい食べ物を知ることができるのはとても楽しいものです。

一人でも、友達とでも、家族とでも。気づいたら「Bリーグ全クラブのアリーナ制覇」を狙うようになっているかもしれませんよ。

遠征スケジュールを決めよう

「試合観戦がメインで、観光は試合前に少しできればＯＫ」「観光というよりご当地のおいしいものを食べたい」「せっかくだから試合も旅行もがっつり楽しみたい」など、自身のご希望に合わせてプランを考えてみましょう。

モデルプラン1：日帰り

- 10:00
  ターミナル駅・空港到着
- 11:00
  観光しながら気になるご当地グルメで早めのランチ
- 12:00
  アリーナへ向かいつつ、道中を少し観光
- 13:30
  アリーナ着
- 15:00
  試合開始
- 17:00
  試合終了
  ターミナル駅・空港に移動がてら食事や観光を楽しんでも

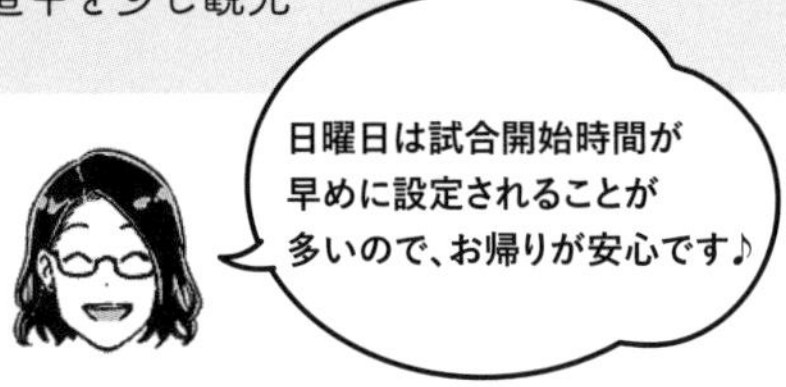
日曜日は試合開始時間が
早めに設定されることが
多いので、お帰りが安心です♪

モデルプラン2：1泊

day1

- 11:00
  ターミナル駅・空港到着
- 12:00
  ランチ
- 13:00
  観光
- 16:00
  アリーナ着
- 18:00
  試合開始
- 20:00
  試合終了→宿泊先近くで遅めの夕食

day2

- 9:00
  出発→観光
- 14:00
  アリーナ着
- 15:00
  試合開始
- 17:00
  試合終了→ターミナル駅・空港へ移動

土日の2試合を
がっつり観戦しつつ、
観光もけっこう楽しめます！

モデルプラン3：2泊

day1

- 9：00
  ターミナル駅・空港到着
  レンタカーや公共交通機関を利用して観光
- 16：00
  アリーナ着
- 18：00
  試合開始
  アリーナグルメを楽しみながら観戦
- 20：00
  試合終了→宿泊先へ

day2

- 9：00
  出発→観光
- 14：00
  アリーナ着
- 15：00
  試合開始
- 17：00
  試合終了
  ゆっくりディナー

day3

朝から存分に観光を楽しんで帰路へ

沖縄、北海道に行くなら、
お休みを取ってもう1泊くらい
検討したいところ！

クラブが
オリジナル特典などの
ついた「公式応援ツアー」を
組むこともあるよ！

その他にも……

- 水曜ゲームと土日ゲームを大胆にハシゴ！　ワーケーションツアー
- 選手行きつけのお店や母校を回る聖地巡礼ツアー
- 首都圏、東海、近畿などで実施可能！　土日で観戦ゲームを変える欲ばりツアー
- 東北、北関東・北信越なら、少し足を伸ばして温泉宿でゆったり過ごすのも◎
- 信州（長野）、宇都宮、広島なら、有名な神社を訪れて御朱印集めも

TIPS

08 スポーツ観戦初心者こそおすすめ！ 女性観客も爆増中！

それにしても、**Bリーグの試合って女性が多くて驚きました。**野球やサッカーは男性ファンが断然多い印象があったので。

あゆみさんの感覚、そんなに間違ってないと思うな。バスケはBリーグができる前から女性ファンの多い競技ではあったんだけど、Bリーグ開幕以降はそこに拍車がかかってると思う。

かっこいい選手がたくさんいるから、女性ファンが多いのは納得です。

特に、男子日本代表がパリオリンピック

新規B.LEAGUE会員登録男女比率

	男性	女性	その他
18歳以下	45.5%	53.0%	1.4%
19-22歳	29.7%	68.4%	1.9%
23-29歳	29.9%	68.2%	1.8%
30-39歳	35.1%	63.0%	1.8%
40-49歳	37.9%	60.2%	1.9%
50-59歳	44.5%	53.9%	1.6%
60-69歳	52.2%	46.8%	1.0%
70歳以上	60.1%	37.6%	2.3%
合計	37.7%	60.5%	1.8%

※20代～50代女性の新規会員が増加し、女性の比率が高くなっている

の切符をつかんだ2023年の「FIBAバスケットボールワールドカップ」の後はすごいよ。ワールドカップから約1カ月後……2023-24シーズンの開幕直前にBリーグが発表したデータによると、**Bリーグの新規会員の男女比はほとんどの年齢層で女性のほうが多いの**。

うわぁ、本当だ……!

試合チケットの購入に必要な「B・LEAGUE ID」の登録者は、前シーズンから317%増。各クラブの入場料収入も62・3%増。入場者数は158万人からなんと322万人になって103・8%増。**ワールドカップはもちろん、映画『THE FIRST SLAM DUNK』でバスケットボールに興味を持った人も一気にBリーグに注目するようになった**んじゃないかな。

まさに私がそのクチです! どおりでチケット

W杯後の各種会員登録者数等の推移（対昨シーズン比）

B.LEAGUE ID登録者数	317%増加
入場者数	103.8%増加
チケット購入枚数	201%増加
B.LEAGUEサイト新規ユーザー流入数	560.24%増加
検索サイトにおける表示回数	
河村勇輝	6,281%増加
比江島慎	17,181%増加

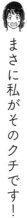

が取りにくいわけですね。

これは私個人の意見になっちゃうんだけど、**Bリーグほどスポーツ観戦初心者に優しいプロスポーツリーグって、世界を探してもない**と思うんだよね。**屋内スポーツだから、日焼けとか雨風の心配をしなくていいのが大きい**でしょ。あとは**試合時間がコンパクトかつ終わりの時間が読みやすいのも強み**。予定も立てやすいし、どの世代も安心して観戦に行けるよね。

そうですよね！　あとは、**選手やコートの近さ**にも興奮しました。1階席はもちろんだけど、2階席でも選手の表情がよく見えてびっくりしました。

あの距離感は他のスポーツではなかなか味わえないものだよね。そうだ、あゆみさん、クラブや選手のSNSはもうチェック済み？　**BリーグはXやInstagram、TikTok、YouTubeのコンテンツ制作にも力を入れていて、選手たちもいろんなコンテンツに登場**してるの。リラックスしたり、おちゃらけたり、わちゃわちゃしたり、試合中とは全然違う様子を見られて楽しいよ。

それ、めっちゃいいです！　さっそくチェックしてみます！

CHAPTER 2

バスケ観戦を楽しむ基本ルール&トリビア

こんにちは！
ようこそ僕のオフィスへ
さ どうぞ
今日はよろしくおねがいします！
こちらこそ！
Bリーグのお話はどうでした？
ミホさんにバッチリ教えてもらいました！

ナイス！
ピ
では
今回はバスケの
基礎知識について
レクチャーして
いきましょう
わからない
ことがあったら
なんでも聞いて
くださいね！
はい！
がんばって！
三谷さんは
バスケの経験が
ないとのこと
だったので…
まずはバスケが
生まれた日の
ことからお話し
しましょうか
おねがい
します！
コト…

ゴロン…
これ
なんだか
わかりますか？
えーっと
…
小洒落た
バケツ？
？？
桃のカゴです
今のリングの
原型ですね
え！
これが
リング!?
がばっ
穴は!?
バスケットボールの
始まりは
雪に埋もれた
冬季
ジムナジウム（体操場）で
できるスポーツとして
アメリカで
考案されました
当時は二階通路に
取り付けた
初試合では
日本人も
プレー
したんだって
へー！
そうなん
ですね！
1891年12月21日
に初試合！
そこから少しずつ
改良されて現在の
形に至ります
おおー
だんだん
見覚え
ある形に！
穴もあいた！

ルールについても誕生から今までの間にたくさんの修正や変更がありました
特にNBAが世界的な人気を誇るリーグになってからは
お客さんがよりエキサイティングになれるようにルールも変わったんです
攻撃の時間が30秒→24秒に短縮
24
速攻を意図的に阻むのを厳重に取り締まる(ハイライトが減るとつまらないから)
ディフェンスのハンドチェッキングを厳しくする(攻撃している側を優位に)
2ハーフ→4クォーター制(スピーディな展開と中継のしやすさから)
などなど
なるほど!
細かいルールまでけっこう変わってるんですね
おもしろくないからとか…
たしかにそうですね
そこにはバスケの持つ特性が関係しているのかもしれません

言うならばバスケは
見る人を楽しませることをとことん追求したスポーツなんです
オフェンス優位なルール作りをすることでダンクや3ポイントなどの得点機会を増やすするとお客さんも当然盛り上がるわけです
おおお!!
ワーーッ
ガコン
なるほど!たしかにたくさん得点シーンが観られると楽しいです!
攻撃時間を短くすることも実は同じで
試合のテンポを早くすることでハイスコアリングな展開を起こしやすくしているんです
スコア
バスケにはそういったエンタメ性を重視してきた歴史があるんですよ
ふむふむ

私がスポーツライターを始めたのもバスケがきっかけだったんだよ
学生時代に観戦してドハマリ
おぉミホさんも!
見る人を惹きつけるエンタメスポーツ…それがバスケなんですね!
何も知らずに見ても楽しめる理由がわかった気がします!
バスケのことがぜん知りたくなりました!
OK!
ではここからは基本的なルールなどのお話をしましょうか
私もお手伝いしますね
おねがいします!

TIPS

09

コートの名称を知ろう！

会場で観戦して気づいたんですけど、バスケットボールのコートに書かれた線って、なんだかおもしろいですよね。ゴールの近くにある、半円に長方形がくっついているやつとか、特に。

（な、なんてユニークな視点……）。

ああいう線って、何か名前があったりするんですか？

もちろんありますよ。アリーナ内の設備も含めて説明しましょうか。まず、下の図がオールコートの名称です。

オールコート

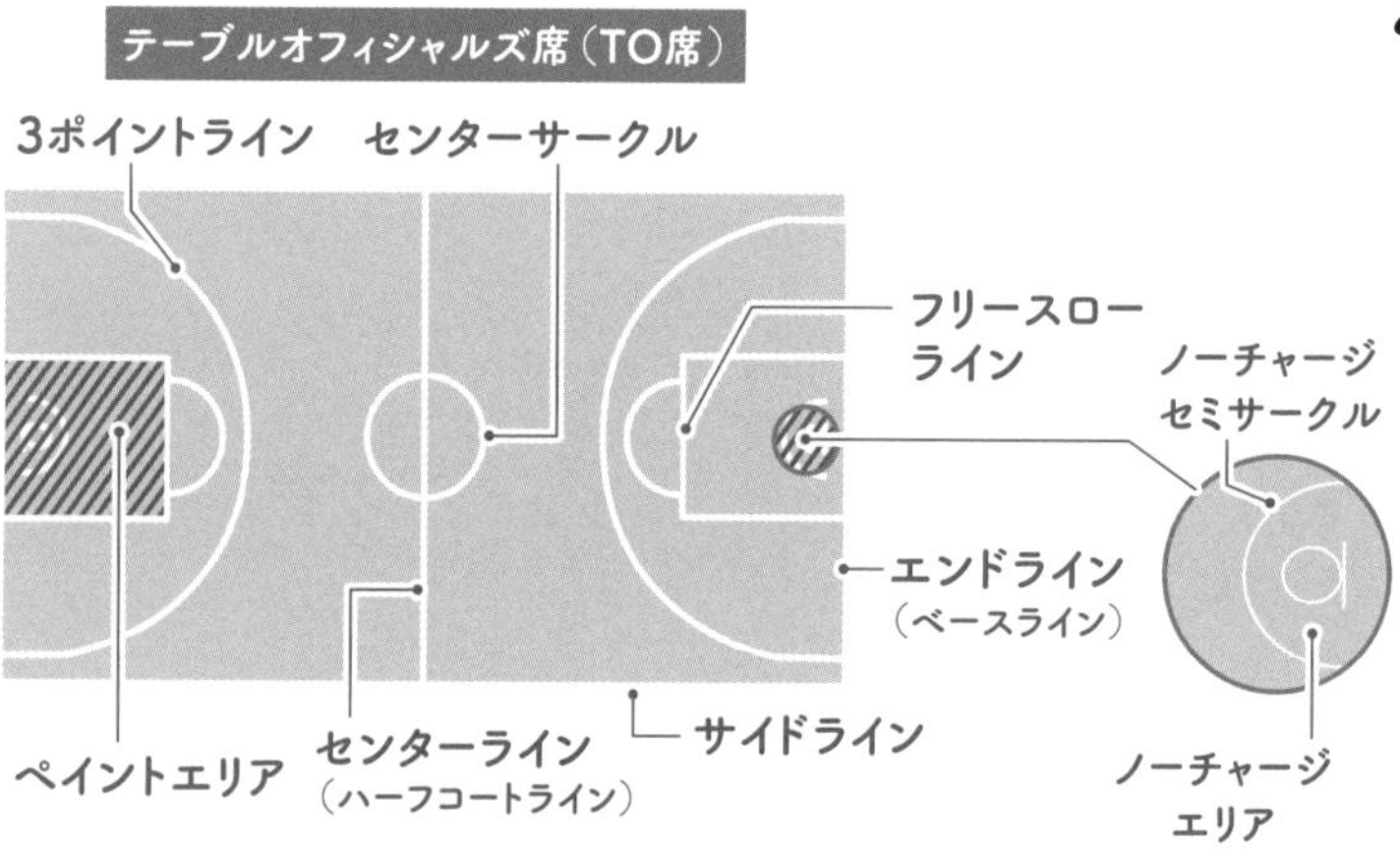

テーブルオフィシャルズ席（TO席）
3ポイントライン
センターサークル
フリースローライン
ノーチャージセミサークル
エンドライン（ベースライン）
サイドライン
ペイントエリア
センターライン（ハーフコートライン）
ノーチャージエリア

センターライン（ハーフコートライン）を境に、攻めるリングがあるコートを「フロントコート」、反対側を「バックコート」と呼びます。

うわあ、こんなにいろんな線と名前があるんですね。

試合会場ではあまり気にしないかもしれないけど、試合中継を見ているとけっこうコートの名称が出てくるよ。

POINT!

サッカーとバスケで異なるライン判定

2022年のサッカーワールドカップで三笘薫選手の「奇跡の1ミリ」でも話題になったとおり、サッカーではたった1ミリでもボールがラインにかかっていさえすれば「まだコートから出ていない」と判定され、プレーが続行されます。ところが**バスケットボールでは、1ミリでもボールがラインに触れたら「コートから出ている」と判定されます**。選手もラインを少しでも踏んだ時点で「出ている」判定になりますが、**スローインでボールをコートに投げ入れる時はラインを少し踏むのはOK(踏み越えては×)**です。

下の図の「リム」は「ゴール」とも言われますね。

実は、アメリカでは「ゴール」という表現はありません。

ええっ、そうなんですか？

先ほどお話ししたとおり、バスケットボールは桃のカゴにボールを投げ入れることから始まったスポーツなので、**ボールを入れるのはあくまで「バスケット」であって、「ゴール」ではない**ということですね。

なるほど～。

「ゴール下のプレー」とか「ゴール下のシュート」という表現も多いですが、僕は**「リム周り」**とか**「バスケットの周り」**と言います。ちなみにアメリカではリングを「フープ」「カップ」と呼ぶこともありますよ。

おもしろいですね。覚えておきます！

リム周辺

24
24秒タイマー
バックボード
リング

24秒タイマーが何かについては次のTIPS10で説明します！

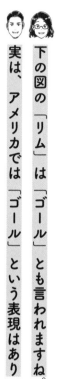

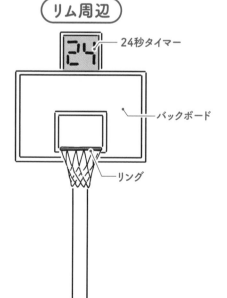

続いてハーフコートです。**ダンカーズスポットは3ポイントシュートが放てないビッグマンにとって重要な場所**です。

ペイントエリアにギリギリ近い場所だからですか？

たった2歩でダンクに持ち込めるエリアという意味ではそうですね。加えて**スペーシング的な意味も大きい**です。スペーシングについてはCHAPTER4でくわしく説明しますが、バスケットボールの攻防においてとても大切な**「2人のオフェンスを1人で守らせない」という原則**にギリギリ沿うのがこの狭いエリアです。

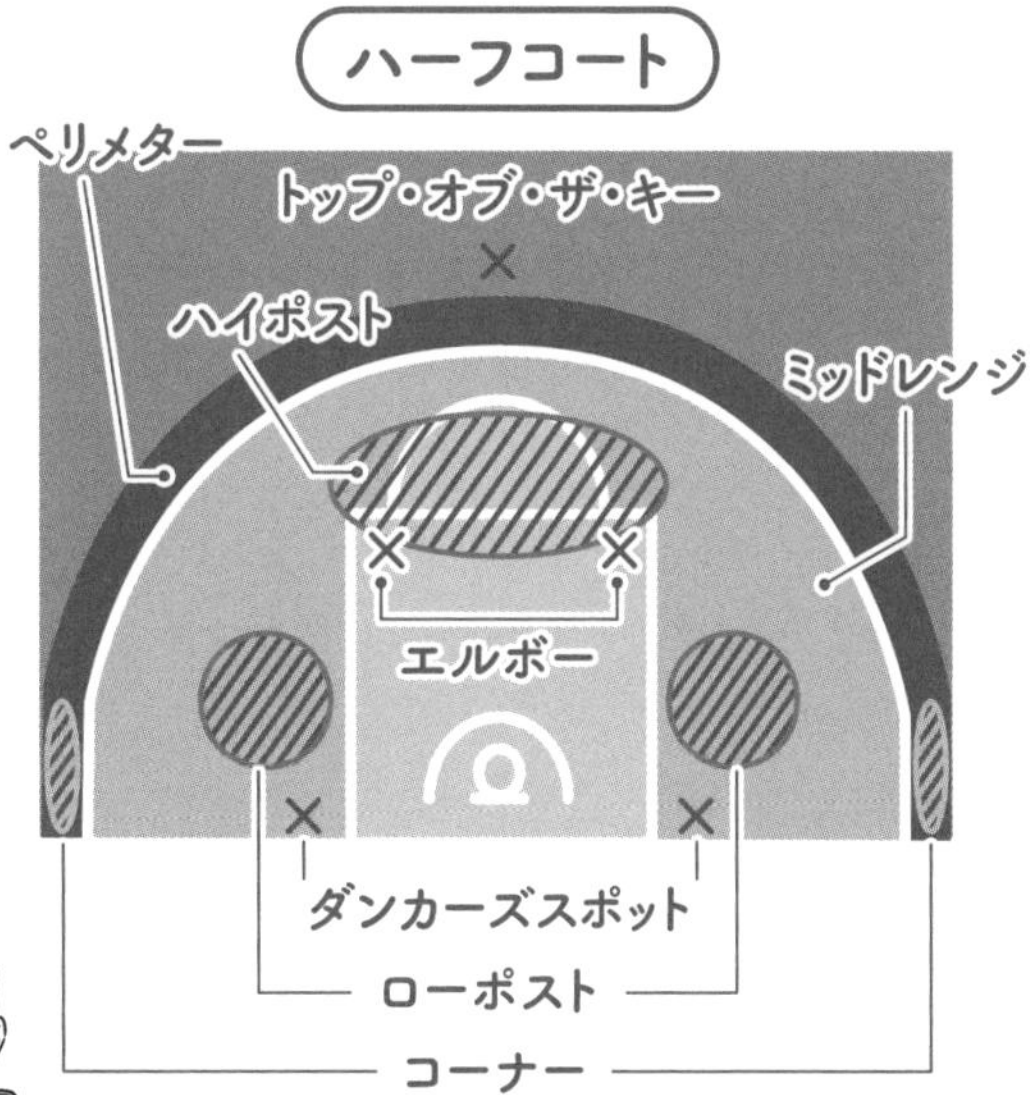
ハーフコート
ペリメター
トップ・オブ・ザ・キー
ハイポスト
ミッドレンジ
エルボー
ダンカーズスポット
ローポスト
コーナー

図に表したミッドレンジを「ペリメター」と表現する誤用が散見されますが、これは3ポイントラインが存在しなかった時代の名残りです。当時はペイントの外は全部〝外郭〟でしたが、外郭を意味するペリメターは現代において正しくは3ポイントラインの外をさします。

TRIVIA!

トップ・オブ・ザ・キーの語源はまさに「カギ」

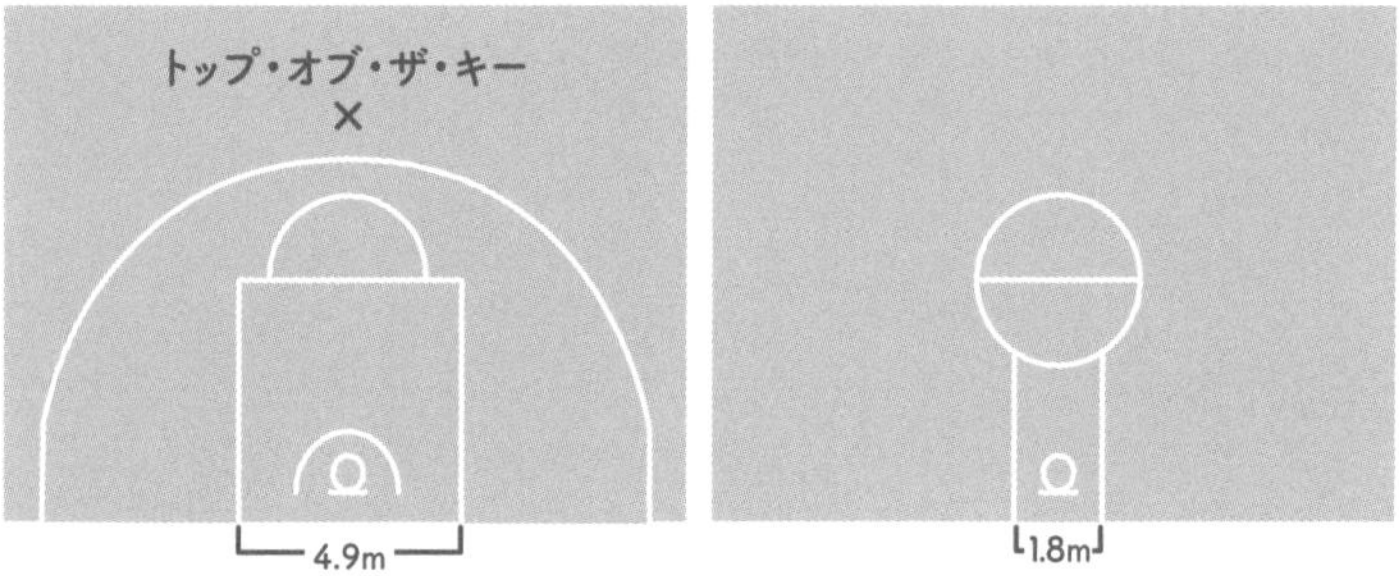

1960年代、ペイントエリアは現在の4.9mよりかなり狭い1.8mで、右のイラストのようにカギのような形をしていました。それゆえフリースローレーンを含めた形がカギに見えることから、フリースローレーン上の位置を「カギの上」という意味の「トップ・オブ・ザ・キー」と呼ぶようになったと言われています。

TIPS 10 主なファウルとバイオレーション（違反）

試合を見ていて、試合が頻繁に中断するのに驚きました。審判さんの笛が鳴るたびに「えっ、今は何が起こったの？」って軽くパニックでしたよ〜。

たしかに、ファウルが起こった時はアリーナMCさんが説明してくれるけど、その他の状況までは説明してくれないかもしれないわね。

笛が鳴るシチュエーションは大まかに分けて二つあって、**一つはファウル、一つはバイオレーション（違反）**です。プレーを見ていてもよくわからない時は、**直後の審判のジェスチャーをチェック**するといいですよ。次のページから詳しく説明していきましょう。

主なファウルと審判のジェスチャー

・ファウルの宣告

　このジェスチャーの後、押す、つかむ、ヒジを使うといったファウルの種別ごとのジェスチャーが続く。

・オフェンスファウル

　オフェンス側が犯したファウル。頻度が高いものの一つは通称「チャージング」とも言われる激しく衝突するプレー。

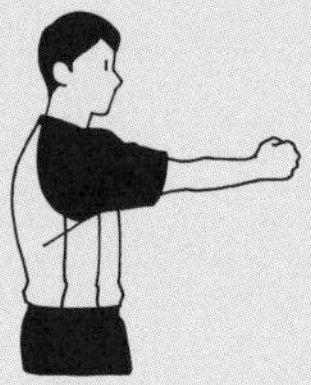

・テクニカルファウル

　相手選手やレフェリーへの暴言、試合を遅延させる行為、会場設備やボールを乱暴に扱う行為などに宣告されるファウル。1試合に2回宣告されたら退場。

・アンスポーツマンライクファウル

　競技の哲学に反するファウル。1試合に2回宣告されたら退場。

POINT!

ファウルを宣告されない唯一の聖域？

　バスケットボールはルールを逸脱した身体接触に厳格なスポーツですが、**接触を起こしても極めてオフェンスが有利なエリアが、ペイントエリア内の「ノーチャージエリア」です**（TIPS09で紹介）。このエリア内で両チームの選手が接触したとして、オフェンスの選手がファウルを宣告されることは原則ありません（厳密にはボールを扱う選手がボールをどこでレシーブしたか、もしくはヒジ打ちなど、例外もあります）。

　ディフェンスがファウルを宣告されずに攻撃を止める方法は、垂直方向に真っすぐ飛び上がることのみ。これは「バーティカル（垂直）ルール」と呼ばれるもので、ジャンプがそもそも一直線に垂直ではなかったり、少しでも腕が下がっていたり、体がくの字になっていたらファウルになります。

主なバイオレーション(違反)と審判のジェスチャー

・24秒ルール

オフェンスは24秒以内にボールをリングに当てなければいけない。リングに当たったら秒数はリセットされ、ディフェンス側がボールを保持したら24秒、オフェンス側がボールを持ったら14秒から再開される。

・8秒ルール

オフェンスはボールを持った瞬間から8秒以内にボールをフロントコートに運ばなければいけない。

・5秒ルール

オフェンスは1m以内にディフェンスがいた場合、ボールを持って5秒以内に、ドリブル、パス、シュート、いずれかのプレーをしなければいけない。

・3秒ルール

オフェンスはペイントエリアに3秒以上留まってはいけない。

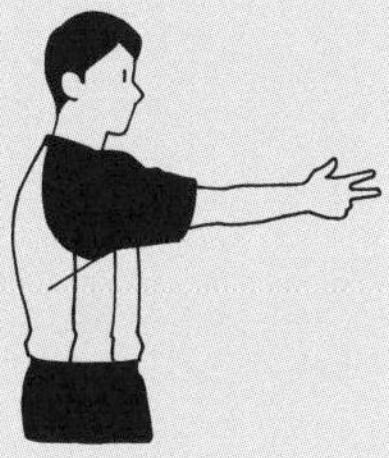

第4クォーター
残り2分を切った
タイムアウト明けのスローインは、
「バックコートから24秒スタート」
「フロントコートから14秒スタート」の
いずれかを選択できます

・ダブルドリブル

一度ドリブルを終えた後にまたドリブルをしてはいけない。

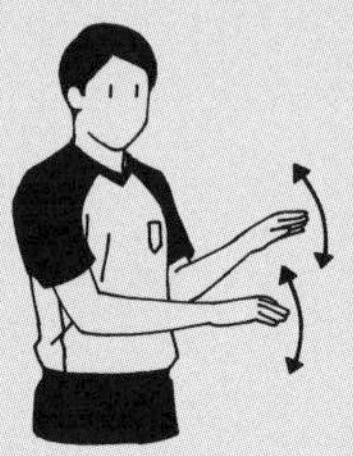

・トラベリング

ボールを持った状態で3歩以上歩いてはいけない。

・ヘルドボール

両チームがボールを奪い合い、どちらのチームのボールでもない状態がしばらく続いたら、順番にその時権利があるチームのスローインで再開する。

・バックコートバイオレーション

オフェンスはフロントコートにボールを運んだ後、そのボールをバックコートに戻してはいけない。

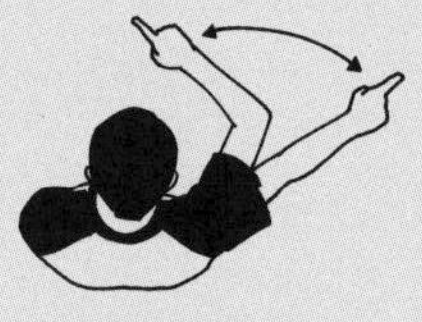

試合が止まった時にオフェンスとディフェンスのどちらのボールかわからなくなることがありますよね？
そんな時は審判の指さす方向でどちらのチームのスローインかを確認できます！

TIPS 11 これってファウル？ ファウルじゃない？

今の説明で、鳴った笛がファウルかバイオレーション（違反）かは判断できるようになったと思います。でも、できれば審判のジェスチャーをする前に、何がファウルで何がファウルじゃないかを判断できるようになりたいなって。ファウルの基準が全然わからないんです。

ファウルのざっとした種類しか紹介しなかったものね。クリスさん、お願いできますか？

もちろんです。**ファウルの基準になるのは「シリンダー」という考え方**です。

シリンダー？

はい。コート上のプレーヤーの周囲と真上の空間に、架空のシリンダー（円筒）があると定義されていて、それぞれがその領域に対する正当な権利を持っています。なので、**オフェンスでもディフェンスでも、このシリンダーを侵害した側がファウルを宣告されます**。

シリンダーのイメージは下のイラストだよ。

わぁ、これはわかりやすいですね。

例えば、左ページの❶**のような状況だとオフェンス、❷のような状況だとディフェンスにファウルが宣告**されるということです。選手たちはもちろん動いているので、見分けるのはかなり難しいとは思いますけど。

すごく簡単に言うと、**ぶつかりに行ったほうがファウル**ということですね。

そう言えば、『スラムダンク』に「もともとバスケットボールは非接触のスポーツだったのが、次第に体のぶつけ合いが勝敗を左右するスポーツに変わっていった」と紹介されていた記憶があります。

それは正しい認識だと思います。バスケットボールはもともと、アメリカのマサチューセッツ州スプリングフィールドという雪深い街で、ラグビー、サッカーなどの**スポーツができずウズウズしている血気盛んな青少年**

シリンダーのイメージ

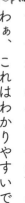

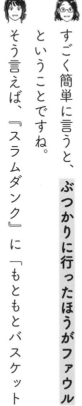

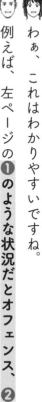

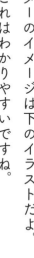

のために作られたスポーツ。当初は一度にプレーできる人数も決まっていなかったので、**「もみくちゃになったら危ないから、ちょっとでも当たったらダメ」というルールから始まった**そうです。シリンダーの概念がきちんと明文化されたのも、実はここ数年の話なんです。

❶ オフェンスが肩で押す

❷ ディフェンスが腕や肩で押す

TIPS 12

試合観戦がさらにはかどる「マスト・ジェスチャー」

さらに知っておきたい
審判のジェスチャーを紹介します！

キックボール

パスを止めるなどの意図でディフェンスが故意にボールに足を当てる行為。オフェンス側のスローインでリスタートとなる。

ショットクロックのリセット

このジェスチャーがあったらショットクロックが24秒もしくは14秒にリセットされる。

タイムアウト

腕と指で「T」の字を作る。

オフィシャルタイムアウト

握りこぶしで腕を広げる。

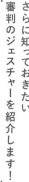

シュートのカウント

得点数や成功・不成功によってジェスチャーが変わる。特に3ポイントライン付近のシュートは、この動きを確認しておくことで2ポイントか3ポイントかをすぐに把握することができる。

1得点を認める

1本指を立てて手首を振る。

2得点を認める

2本指を立てて手首を振る。

3ポイントシュートを放った時

3本指を立てて手を伸ばす。

3ポイントシュートが成功した時

両手で3本指を立てて手を伸ばす。

得点が無効で認められない

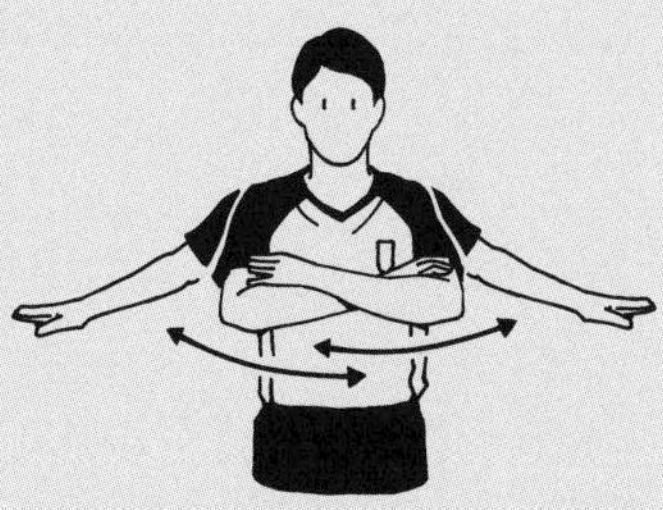

胸の前で両手を交差して広げるように振る。

TIPS 13

終盤に繰り返される謎のファウルの正体とは？

そうだ、ファウルのことで一つ聞きたいことがあったんです。試合がもう少しで終わるっていうタイミングで、**負けているほうのチームが何度もファウルを繰り返していた**んですけど、あれはなんなんですか？　私が変なのかもしれないですけど、わざとファウルしているように見えたような……。

いわゆる「**ファウルゲーム**」ね。あゆみさんの感覚、間違ってないよ。**連続ファウルにはちゃんと理由がある**んです。解説していきましょう。

●ファウルゲームって何？

チームファウルが五つ以上になると、すべてのファウルにボーナスフリースローが与えられるルールがあります。これは本来守備側にとっては不利な状況ですが、このルールを逆手に取り、残り少ない試合時間の中で、できるだけ多く攻める回数を作るための戦法を取ることがあります。普通に守っていたら24秒を消費するところを、**相手がボールを保持してすぐにファウルすれば、ものの数秒で攻撃権を手に入れる**ことも可能になるからです。

理想的なのは相手がフリースローを2本とも落としてくれることですが、たとえ2本決められても自チームが3点取れれば逆転のチャンスが高まってくるわけで、言うなれば、**肉を斬らせて骨を断つ最終戦法**です。

特にBリーグでは、試合時間が残り2分を切ったタイミングでタイムアウトを請求すると、フロントコートからショットクロック14秒でリスタートできるので、この時間帯までタイムアウトを残していれば、**さらに逆転するための時間を稼ぐ**こともできます。

とはいえ、プロレベルの選手は平均してフリースローを70%以上の確率で決めてくるので、ファウルゲームの効力はあまり大きくはありません。加えて、今はジャッジが厳しくなり、**アンスポーツマンライクファウルを取られるリスクも高い**ので、ファウルゲームが成功する確率は下がっています。

ファウルゲームは
起死回生の逆転を
狙ったプレー
なんですね！

TRIVIA!

フリースローが苦手な選手を狙った「ハック・ア・シャック」

バスケット付近では止められないけれどフリースローが苦手という選手に対抗する策として、シュート前にわざとファウルをしてフリースローを落とさせるという戦術があります。これは1990 ～2000年代にNBA で活躍した名センター、シャキール・オニール選手を2人がかりでも3人がかりでも止められなかったことから生まれた戦術で、2点ないしボーナススローを含めた3点をみすみす奪われるくらいならフリースローを落としてくれることに懸けようという考え方。アメリカでは彼の愛称である「シャック」を取って『ハック・ア・シャック（シャックを叩け!）』と呼ばれています。

TIPS 14 わかりにくい? 速攻時のアンスポーツマンライクファウル

今お話しが出た**「アンスポーツマンライクファウル」**は、速攻に行く相手に対するファウルで吹かれることが多いと思うんですが、ここもバスケ観戦初心者の方には「???」ってなりやすいポイントなんじゃないかなと。

たしかに、速攻のファウルで「アンスポーツマンライクファウルです」ってアナウンスされると「どこらへんが〝アンスポーツマンライク〟（スポーツマンらしくない）ファウルなんだろう?」って思ってました。

速攻時のアンスポーツマンライクファウルは、その他のシチュエーションで起きる……例えばユニフォームを引っ張ったり、ヒジ打ちをするといったアンスポーツマンライクファウルとは少し意味合いが異なるところがありますね。**速攻でアンスポーツマンライクファウルを宣告されるのは大まかに分けて3パターン**です。

❶ボール保持者の前に誰も選手がおらず、何もなければそのまま**レイアップを決められるという状況で、シュートの体勢に入るまでにディフェンスがその選手の横や後ろから接触した**場合

❷**パスの受け手の前に誰も選手がおらず、その選手に明らかにキャッチが成功するパスが出されたという状況で、ディフェンスが受け手に不当に接触した**と判断された場合

❸**ボールに対するプレーではなく、かつ正当なバスケットボールのプレーとは認められない相手プレーヤーとの接触**

❶と❷はどちらもプレーヤーとバスケットの間に相手プレーヤーがいない「クリアパス」の状況で起こるファウルで「クリアパスシチュエーション」とも呼ばれます。❸は速攻以外でも吹かれるファウルですが、みなさんが試合観戦中に見ているもので最も頻度が高いのはこの❸のファウルだと思いますよ！

選手やコーチがアンスポーツマンライクファウルのジェスチャーをして審判にアピールをしたり、審判がビデオ検証を行ったりすることも多いし、**アンスポーツマンライクファウルは判定が難しいファウル**なんでしょうか？

ビデオ判定になるケースが多いのは、**通常のファウルとの境界線をリアルタイムで見極めるのは難しい**ので、審判も確証を得るために検証するのでしょう。そもそもボールに対して正当にアクションを起こしているかどうかという点は角度によって見分けにくいもの。ルーズボール（ボールが転がりどちらのチームのボールでもなくなった状況）直

後だったりして、選手たちもバタバタしていますから。さらに❶、❷で解説したクリアパスシチュエーションの場合は、どこのタイミングでオフェンスが始まっているか、その際に他の選手がどこにいたかを確認するために行っているんだと思いますね。あとは**試合を再開する時に残り時間なども入念に確認**しています。

POINT!

『鳴らない接触』はファウルじゃない

選手、コーチがジャッジに対してヒートアップする姿は、バスケットボールにおいて日常的な光景の一つでしょう。機械でなく人間がジャッジをしている以上、その傾向は審判や試合によってどうしても多少変わりますし、時にはミスもありますが、**笛が鳴らなかった以上それはファウルではないと考えるべき**だと思います。**強いチームや一流の選手ほどそういったメンタリティを備えています**し、フラストレーションで目の前のプレーに集中できていない選手やコーチを見ると、残念だなと感じます。

良くも悪くも一度判定が下ったものはヘッドコーチチャレンジを除いて覆らない。観戦者のみなさんもどうか、「ファウルか、ファウルじゃないか」よりも魅力的な、コートで起きる様々な瞬間と攻防を楽しんでくださいね。

TIPS 15 勝っているチームが終了直前になると得点しないのはなぜ？

試合終了間際のプレーで、もう一つ気になったことがありました。勝っているチームが「本当にこれが最後」というオフェンスでプレーをやめ、相手チームと握手をしたりするのはなぜなんですか？

これは**NBAの文化に由来するもの**だと思います。**NBAは古くから得失点差でなく勝率で順位を決める**ので、負けているチームが白旗を挙げたら勝っているチームは傷口に塩を塗らないという暗黙の了解があって、ここで勝っているチームがダンクを決めようものなら激しく非難されるんです。かつて日本でプレーする外国人選手のほとんどはアメリカ人だったこともあって、今でも浸透しているんだと思います。

あれ、でも待ってください。**Bリーグって得失点差が順位に関わってきますよね？**　勝率が並んだら得失点差で判断されるはず……。

おっしゃるとおり。攻める・攻めないは自由ですし、相手チームを明らかに馬鹿にする意図で得点を取るのは問題ですが、**得失点差を見越して得点を狙うことを非難する**

のは的外れだと思います。

実際、チャンピオンシップ争いの時期になるとコーチや選手から「得失点差が……」というコメントをよく聞きます。

Bリーグ誕生当初は「強いチーム」にかなり偏りがあったので、激しい順位争いが起きなかったのも理由の一つでしょうね。**「シーズン最終戦までチャンピオンシップ進出チームが決まらない」**みたいなことが起こり始めたのは、2021-22シーズンからじゃないかな。

チャンピオンシップに出られるか出られないかの瀬戸際にいるチームは、試合終了のブザーが鳴る最後の最後まで必死になるわけですね。

そうですね。**レギュラーシーズンの最後のほうになると選手たちも得失点差をちゃんと意識し始める**けれど、さかのぼってみたら開幕戦の得失点差が響いてチャンピオンシップを逃した、というようなこともありえると思います。

こういった意識の面でも、Bリーグはまだまだ発展途上のリーグなんですね。

TIPS 16 選手同士のコミュニケーション&生観戦で見るべきポイント

●相手チームの選手との和やかな談笑に関係性が見える

そういえば、試合を見ていてびっくりしたことが他にもありました。

え、ナニナニ？　ぜひ聞かせて！

ウォーミングアップ中や試合中に、**対戦チームの選手と仲よさそうにおしゃべりしている選手がたくさんいたこと**です。バッチバチに敵同士って感じかと思っていたので、かなり意外で。

Bリーグは移籍が頻繁なリーグなので、元チームメートだったり、小学生時代からのライバルだったり、**いろいろな関係性を持っている選手が多い**んですよね。

チームを超えた選手の関係性も要チェック　© B.LEAGUE

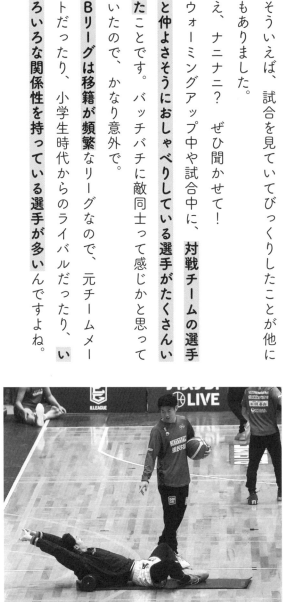

そうそう。そういう選手同士の関係性とかバックグラウンドを知っておくと、試合中のちょっとしたやり取りをさらに楽しめるし、選手たちに親近感が持てるわね。

おぉ、チームは違えどお友達、みたいなことですよね。ちなみにああいう時って、何をしゃべってるんですか？

「元気か？」みたいなことから始まって「お前のところのファン（ブースター）熱いよな」とか「今のファウル、かわいそうだな」みたいなこととか、いろいろだと思いますよ。競争する相手ではありますけど、憎しみ合っているわけじゃないから。

●コート上でかわされるコミュニケーションにも要注目

私からもクリスさんに聞きたいことがありました。取材をしていると、いろんな選手から「**コミュニケーションを大事にしている**」ってコメントを聞くんですけど、あゆみさんのようなバスケビギナーに「なんで？」ということを説明するには、どうすればいいと思いますか？

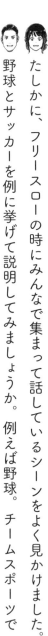

たしかに、フリースローの時にみんなで集まって話しているシーンをよく見かけました。

野球とサッカーを例に挙げて説明してみましょうか。例えば野球。チームスポーツではありますが、プレーの大半の時間をピッチャーとバッターの1対1の争いが占めています。サッカーは足でボールを扱う競技なので、ミスが起きる前提でプレーが成り立っているし、フィールドが広いからちょっとトラップミスをしたからといって失点につながるわけでもない。その一方で**バスケットボールは、手でボールを扱い、コートも狭い。求められる精密さの度合いがとても高くて、**数cm、0コンマ数秒のズレが失点につながるので、なんとなくの感覚だけで済まさず、**きちんと言葉で意思疎通をはからないことにはレベルの高いプレーを成立させるのが難しいスポーツ**なんです。

そういえば、野球やサッカーを取材している記者から**「バスケの選手ってしゃべるのがめちゃくちゃ上手だね」**って言われたことがあります。

それはあるかもしれませんね。バスケットボールでは、**プレーを指示する立場のポイントガードの選手はもちろん、その他のポジションの選手もそれなりに言語化ができないと、チームの結束力は高まっていかない**と思います。

●ボディコンタクトをたくさん取るチームは勝率が上がる？

先ほどBリーグは移籍が多いというお話をされてましたけど、だからこそ、コミュニ

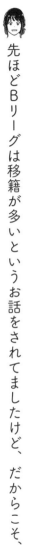

ケーション力が高くないといけないのかなって思ったりもしました。毎年メンバーが変わるから、早く慣れていかないといけないというか。試合中にみんなで集まったり、ハグをしたりするシーンをよく見ますが、これもコミュニケーションの一つですよね。

ハイタッチ……アメリカでいう「ハイファイブ」やハグがチームにいい影響を与えることは、実は科学的に証明されているんですよ。UCバークレー（カルフォルニア大学バークレー校）で心理学を研究しているダッカー・ケルトナー教授が、NBAの各チームのハイファイブやハグなどのポジティブなボディコンタクトを記録して、これらが開幕時点で多いチームは高い勝率でシーズンを終えていたという研究結果を2010年に発表しました（※）。

ええっ、これは記者的にもめちゃくちゃセンセーショナルなトピックですね！

そういえば、選手たちが集まって話をしているのを見る

チームのコミュニケーションは勝率にも影響！

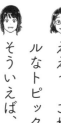

と「雰囲気がよさそうだな」って感じてました。

誰が円陣を作っているかっていうのは試合中の注目ポイントかもしれません。**誰がリーダーシップを発揮しているのか。苦しい時に誰が言葉を発しているか。**

数年スパンでBリーグを見ていると、今までは「集められる側」だった選手が「集める側」になるという変化も見られるよ。**ベンチで仲間に声を送ることで、チームの雰囲気作りに貢献している選手の姿**もぜひ見てもらいたいな。

※出典：Michael W.Kraus,Cassy Huang,and Dacher Keltner,University of California, Berkeley(2010). Tactile communication,cooperation,and performance:an ethological study of the NBA

●中継視聴は戦術面での理解が深まる

せっかくなので、**中継などでの注目ポイント**も教えていただけますか？

そうですね……CHAPTER3でくわしく紹介しますが、ペイントエリアに侵入する**「ペイントアタック」**がどちらのチームのほうが多いか、どちらのチームのほうが**ノーマークの選手を作れている**かといった点は、より**高い位置からの視点で試合を見られる中継のほうが見やすい**と思います。

なるほど！

あとは**センターライン（ハーフコートライン）をどれくらいの秒数で超えているか**ということも、中継のほうが把握しやすいですかね。現地にいると目の前で起きていることを追いかけるだけで必死だと思うので。

はい。ずっと興奮しているので、全然冷静に試合を見られていません！

そういう意味でも、バスケビギナーが**戦術面を考えながら試合を見るには中継のほうがおすすめ**かもしれませんね。

そうですね。中継でバスケを見るトレーニングをしておくと、次に現地観戦に行った時にまた違ったものが見えるようになっているかもしれません。

お二人とも、いろんなことを教えてくださってありがとうございます！

あぁ、早く次の観戦スケジュールを立てないと！

POINT!

バスケットLIVEを見よう！

インターネット配信サービス「バスケットLIVE」では、B1、B2の全試合をライブ、見逃しで配信しています。各クラブ、選手を特集した特別コンテンツや、高校バスケや大学バスケ、Bリーグユースチームの試合なども配信されていて、スマホでも見られるので、いつでもどこでもバスケ観戦を楽しむことができますよ！

CHAPTER 3

メジャーな戦術&スタッツを知り観戦力を上げよう

最近
どうですか？
めっちゃ
楽しんで
ます！
最近は
試合以外も
チェック
してますよ！
おー！
素晴らしい！
記事とか
SNSとか…
ただ…
見れば見るほど
わからない
ことだらけで…
わからない
こと？
…
スッ…
ポイント
ガードの選手が
すごく点を取って
いるんですけど

ささっ
あの…
ポイントガードってシュートが苦手なんじゃないですか??
ダムダム
あとセンターって基本ゴール下にいるんじゃないんですか?
ばりっ
ディフェンス!
どうしてセンターが3ポイントをバンバン放っているんですか?
シュッ
さささっ
今日は一段と熱が入ってるね
動きが…
はい…私スラムダンク脳なんで
でもそれグッドクエスチョンですよ

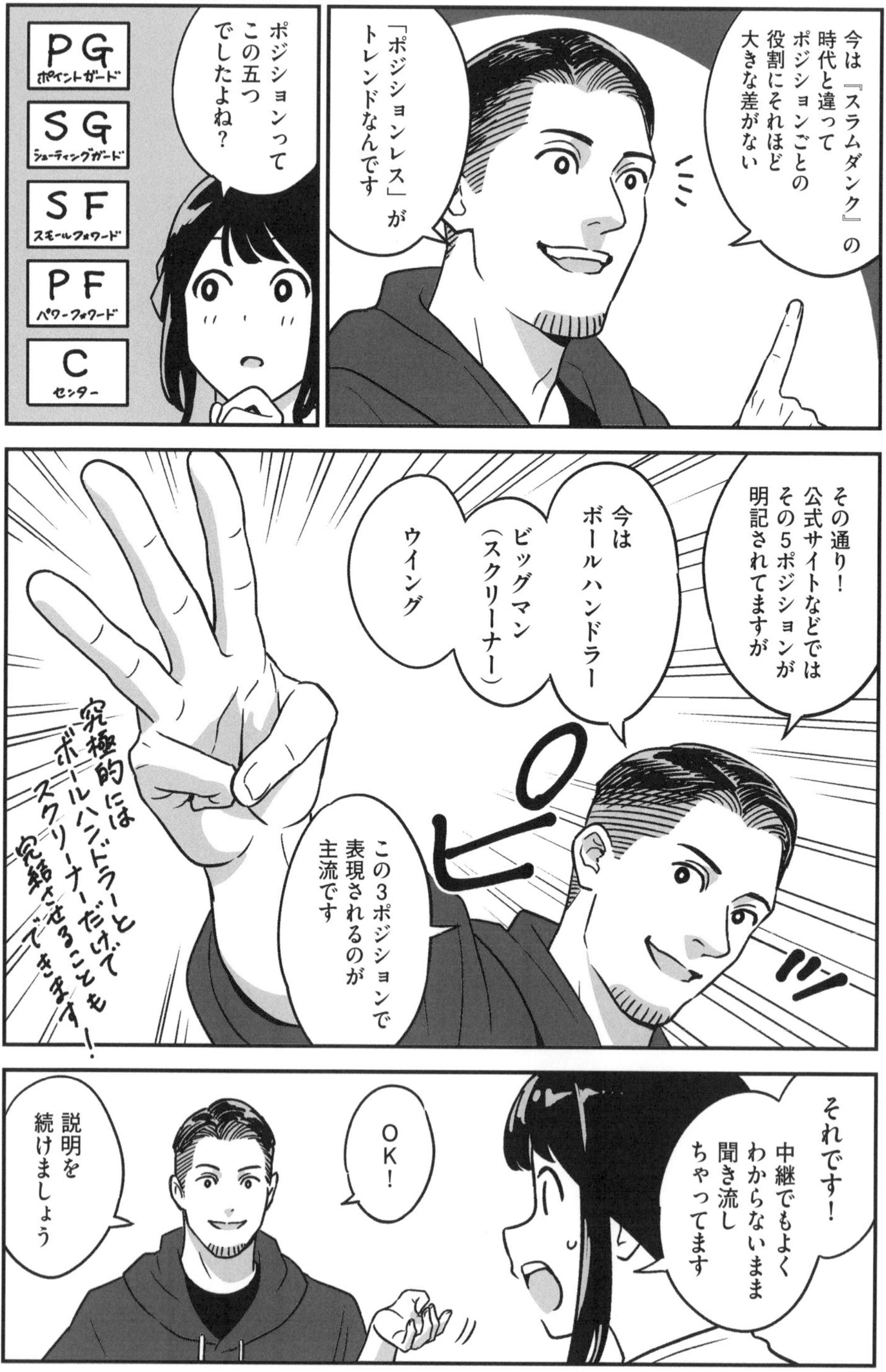
今は『スラムダンク』の時代と違ってポジションごとの役割にそれほど大きな差がない
「ポジションレス」がトレンドなんです
ポジションってこの五つでしたよね？
PG ポイントガード
SG シューティングガード
SF スモールフォワード
PF パワーフォワード
C センター
その通り！公式サイトなどではその5ポジションが明記されてますが
今はボール ハンドラー
ビッグマン（スクリーナー）
ウイング
ピッ
この3ポジションで表現されるのが主流です
究極的にはボールハンドラーとスクリーナーだけで完結させることもできます！
それです！
中継でもよくわからないまま聞き流しちゃってます
OK！
説明を続けましょう

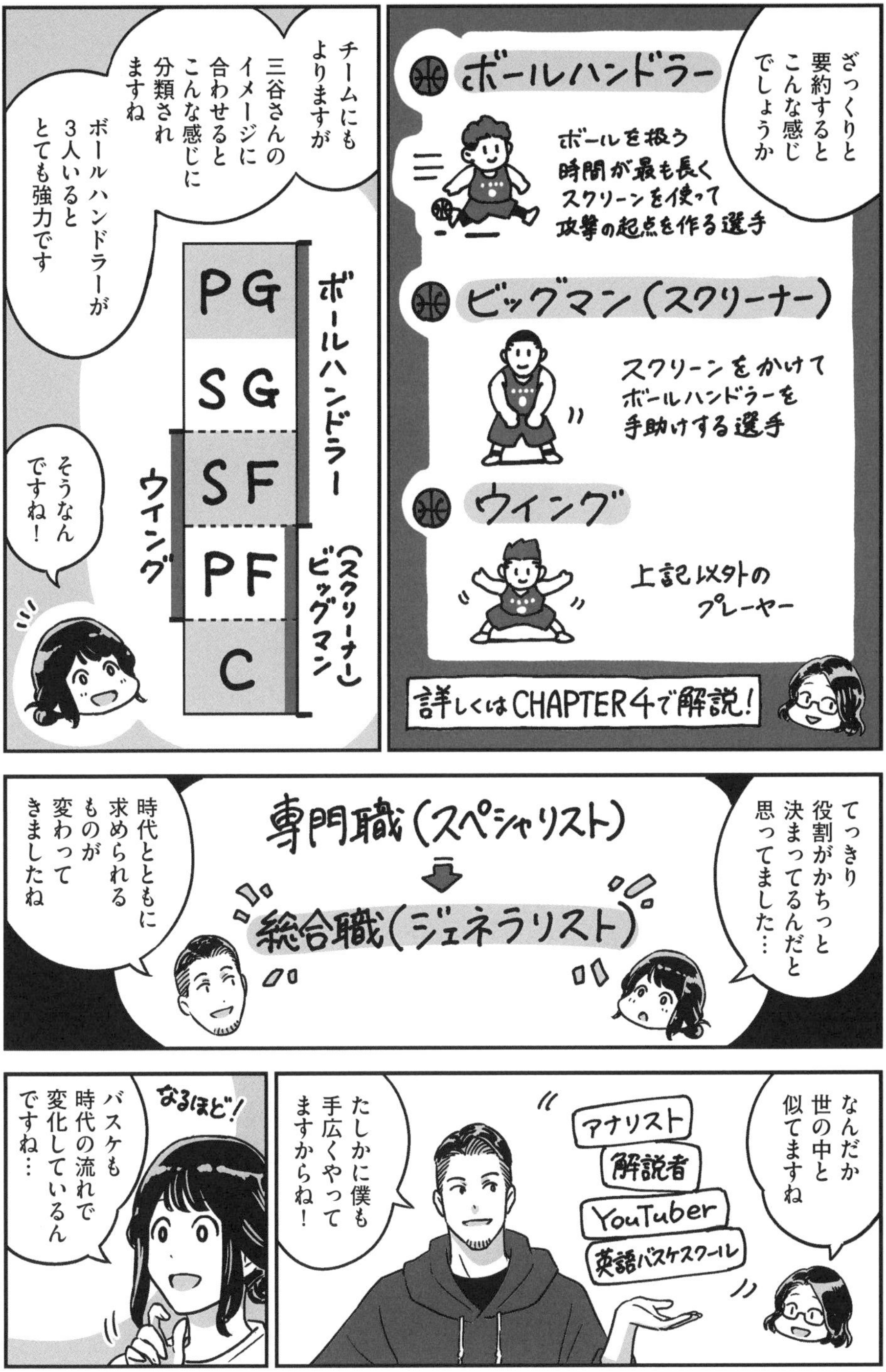
ざっくりと要約するとこんな感じでしょうか
ボールハンドラー
ボールを扱う時間が最も長くスクリーンを使って攻撃の起点を作る選手
ビッグマン（スクリーナー）
スクリーンをかけてボールハンドラーを手助けする選手
ウィング
上記以外のプレーヤー
詳しくはCHAPTER4で解説！
チームにもよりますが三谷さんのイメージに合わせるとこんな感じに分類されますね
ボールハンドラーが3人いるととても強力です
PG
SG
SF
PF
C
ボールハンドラー
ウイング
ビッグマン（スクリーナー）
そうなんですね！
てっきり役割がかちっと決まってるんだと思ってました…
専門職（スペシャリスト）
総合職（ジェネラリスト）
時代とともに求められるものが変わってきましたね
なんだか世の中と似てますね
アナリスト
解説者
YouTuber
英語バスケスクール
たしかに僕も手広くやってますからね！
なるほど！
バスケも時代の流れで変化しているんですね…

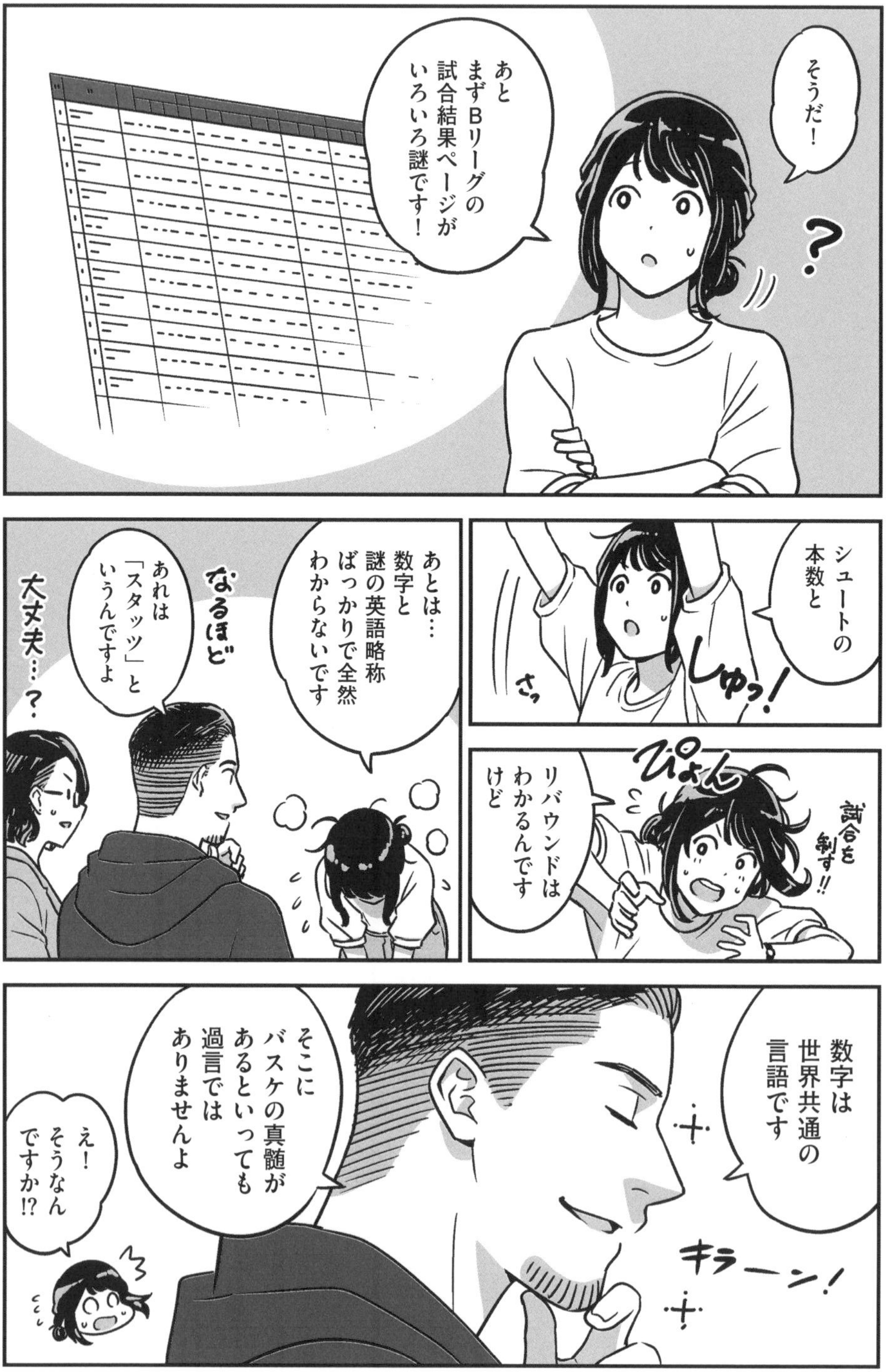
そうだ！
？
あと
まずBリーグの
試合結果ページが
いろいろ謎です！
シュートの
本数と
しゅっ！
さっ
リバウンドは
わかるんです
けど
ぴょん
試合を制す!!
あとは…
数字と
謎の英語略称
ばっかりで全然
わからないです
なるほど
あれは
「スタッツ」と
いうんですよ
大丈夫…？
数字は
世界共通の
言語です
キラーン！
そこに
バスケの真髄が
あるといっても
過言では
ありませんよ
え！
そうなん
ですか!?

今バスケを語る上でデータは欠かせません
ビシッ
「スタッツ」を駆使するとめっちゃ観戦レベルが上がりますよ！
このあとしっかり解説しますね！
あ　あと…
すみません！
ほっ
さっ
ダムッ
はっ
ふんっ
はぁ…はぁ…はぁ…
ひ…比江島ステップって何ですか…？
はぁ
解説の前に…いったん休憩挟みましょうか
はぁ
はぁ
無理せずにね…
も…もう動けません…
はぁ

TIPS 17

「80点」に注目しながら試合を見てみよう

試合観戦をさらに深く楽しむために、まずは「点数」をチェックしましょう！

80点取れれば勝つチャンスは大幅にUP

バスケットボールという競技をさらに深く知り、楽しむために**絶対に押さえておきたいのが得点経過と時間**です。

時間については次のTIPS18で説明しますが、得点についてはまず注目しているチームが何点取っているか、そして何点奪われているかを常に意識しながら試合を見ていくといいでしょう。

現在のBリーグでは、**各試合における攻防のラインはだいたい「80点」**と考えられます。自チームが80点以上取る、もしくは相手チームの得点を80点以下に抑える。そのどちらかを果たせればそのチームが勝つ確率が高まるということです。

クォーターごとに「20点」を基準とした分析を

バスケットボールは四つのクォーターに分かれているので、**クォーターが終わるご**

とに「20点」というラインを基準に戦いを振り返ってみましょう。

例えば、第1クォーターが終了して21－22というスコアだった場合、「点を取られ過ぎだから次のクォーターはディフェンスを修正しなきゃいけないな」「ただ21点取れているからオフェンスは及第点だな」というようなとらえ方ができるようになります。

日本代表は85点、NBAは110点

ちなみに2023年のワールドカップ男子日本代表チームは、**1試合で85回攻めて80点〜85点程度取るという目標を設定し、5試合のうち4試合でこれを達成**し、3勝を挙げることに成功しました。

また、NBAは試合時間が8分長いこともあって110点程度。この数字は2000年代から右肩上がりに増えていて、現在は113点くらいまで上がっています。

ワールドカップの日本代表の成績

vs.ドイツ	63-81
vs.フィンランド	98-88
vs.オーストラリア	89-109
vs.ベネズエラ	86-77
vs.カーボベルデ	80-71

攻防のラインは「80点」なんですね！
シンプルでわかりやすい！

TIPS
18 24秒を3分割してチームの優位性をはかる

次にチェックするのは「時間」です。

バスケットボールはゲームクロック（試合時間）が厳格に定められたスポーツなので、時間は試合の状況を把握するために欠かせないファクターです。

ショットクロック……つまり、24秒以内にシュートを放たなければいけないという点にフォーカスし、**24秒間のどのタイミングでシュートを放ったか**によって、**オフェンスとディフェンスのどちらが優位な状態かを把握する**ことができます。

24－17（1～8秒）

ファーストブレイク（Fast Break=速攻）など、ディフェンスの体勢が整っていない**「不意打ち」の状態でシュートが放てる時間帯**。**完全にオフェンス優位**です。

16－9（8～16秒）

5対5でがっつり組み合ったシチュエーションになることが多い時間帯。オフェンス側が、どのように動いてどの選手にシュートを放たせようとしているかに注目するとおもしろいでしょう。8～16秒は得点力の高い、いわゆる「エース」にシュートを放たせる時間帯でもあります！

8－0（16～24秒）

ディフェンス優位な時間帯。この時間帯までシュートを放てていない時は「ディフェンスにうまく抑えられている」「攻め手に欠けている」というような理由を考えることができます。

POINT!

ショットクロックは6人目のディフェンダー？

2010年代以前、オフェンスは24秒をじっくり使って攻めるものでした。しかし現在は、24秒が終わりに近づけば近づくほどシュート成功確率が下がるということが統計的にわかっています。ディフェンスをチームで崩す時間がない、エースにパスを渡せないといったショットクロックが与える精神的なプレッシャーは、いわば「6人目のディフェンダー」としてオフェンスに襲いかかるのです。

TIPS 19

クォーター終了間際の「静かなる攻防」に注目せよ

時間に関することで思い出したけど、最近試合中継で**「残り○秒」**でなく**「残り○ポゼッション」という表現**をよく聞くようになった気がする。

ポゼッション？

ポゼッションはボールを保持しているという意味。チームがボールを持っている、つまり攻撃機会のことなんだけど、**24秒で1回攻めるとして、秒ではなく**「残り○ポゼッション」と数えて、**あと何回攻防が繰り広げられるかを示すこともできるの**。

へ〜。選手たちもそういうことを考えながらプレーしてるんですよね？　私だったらすぐ混乱しちゃいそうです。

バスケットボールはタイムマネジメントがものすごく大切なスポーツだから、そういう時間の感覚はもう体に染み付いているところもあるでしょうね。**クォーター終盤は、プレーだけでなくタイムマネジメントでも様々な争いが繰り広げられている**んですよ。

●タイムマネジメントのケーススタディ

試合終了まで残り50秒、2点ビハインド、自チームのスローインで再開という状況の時、コーチや選手たちは次のようなことを考えます。

まず、**普通に24秒を使ってオフェンス**をしたら、相手は残り26秒からリスタート。これを24秒間守りきったとしても残り時間は2秒。**逆転するための練られたオフェンスを実行することはできません**（次ページ❶）。

ところが**最初のオフェンスを展開した時に8秒で得点を決められたら**、自分たちに残り18秒でラストポゼッションが回ってきます。早めに攻めなければ生まれなかった攻撃機会を生じさせ、**かなり優位な状態でラストポゼッションをプレーすることができます**（❷）。

ただこの場合、相手に早々に得点を返された上に激しく守られて時間を使わされ、再び**相手にじっくり攻撃できる秒数を与えてしまう可能性もあります**（❸）。

この状況を回避するためには、**最初のオフェンスを17秒程度でシュートを決められるようにデザインする**こと。そうすれば、相手チームが次のポゼッションである程度

クォーター終了間際の流れ例

※残り 50 秒、2 点ビハインド、自チームのスローインで再開

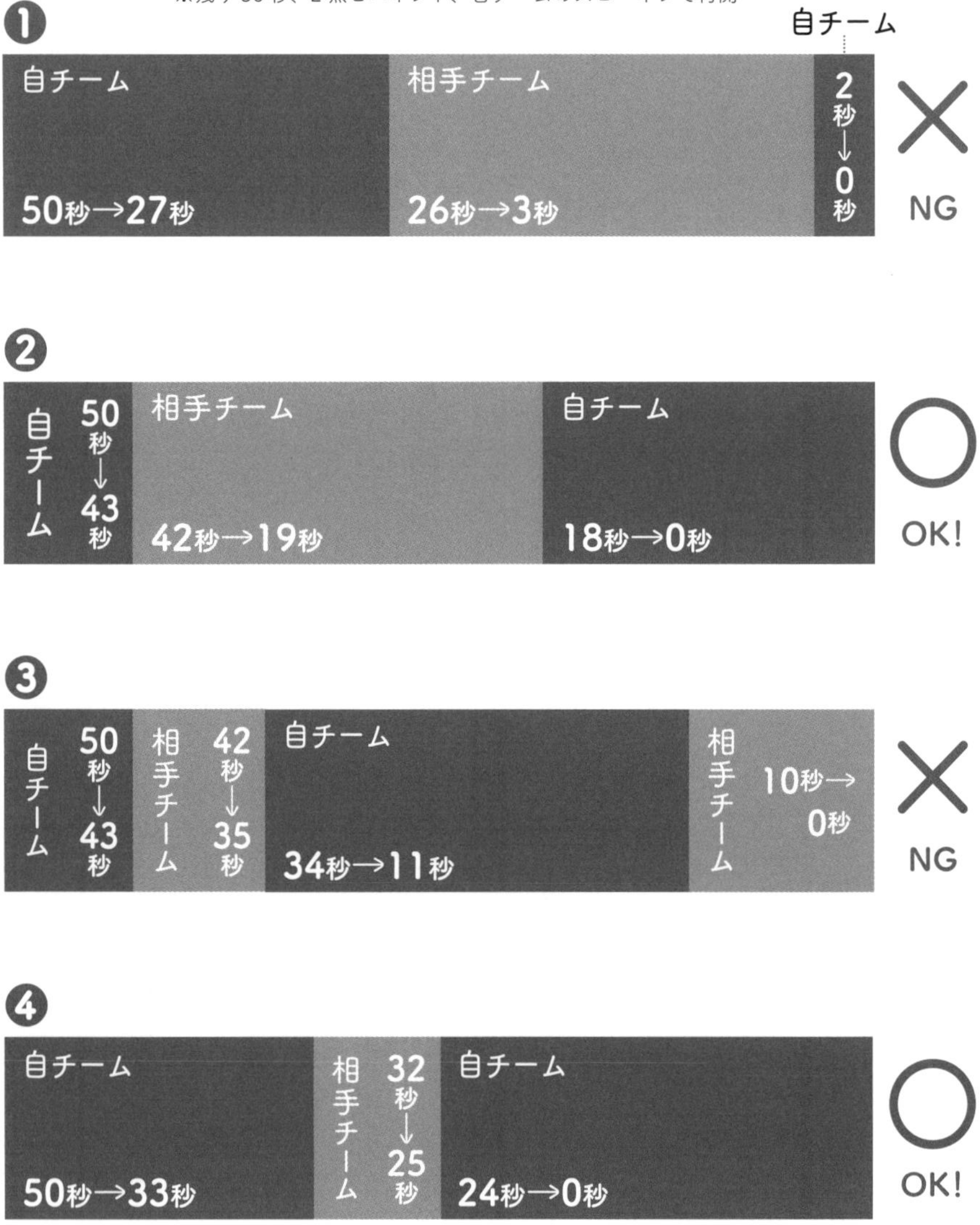

❶
自チーム 50秒→27秒
相手チーム 26秒→3秒
自チーム 2秒↓0秒
NG
❷
自チーム 50秒↓43秒
相手チーム 42秒→19秒
自チーム 18秒→0秒
OK!
❸
自チーム 50秒↓43秒
相手チーム 42秒↓35秒
自チーム 34秒→11秒
相手チーム 10秒→0秒
NG
❹
自チーム 50秒→33秒
相手チーム 32秒↓25秒
自チーム 24秒→0秒
OK!

早く得点を決めてきたとしても、自分たちが**しっかりとラストポゼッションを攻めて締め括ることができます**(❹)。

この❹のような戦略を「一つ買ったらおまけにもう一つどうぞ」というような意味合いの英語表現を用いて「2 for 1（トゥー・フォー・ワン）」と言います。

プレーだけではなく、戦略的にもすさまじいせめぎ合いがあったんですね……。

コーチはこういった場面に備えて**「〇秒でできるセットプレー」**みたいなものをいくつも用意しているんだろうし、コート上で**オフェンスを指示するポイントガードは時間と得点差を常に考えながらプレーを選択している**。あらためてすごいことだよね。

TIPS25でくわしく説明しますが、**現代バスケは「1回の攻撃で約1点取れる」というデータがあり、2022-23シーズンはNBAでは1・14点、Bリーグは1・08点でした**。こういった緊迫した場面では**常に相手よりポゼッションを上回ることを考えてプレーすることが大事**なんです。**各クォーターで成功すれば4点もらえるわけですから活用したいですよね**。

TIPS

20 「スクリーン」プレーは2種類に分けられる

先ほどのお話にもあった「スクリーン」について、ぜひ教えてほしいです！

ＯＫ、もちろんです！

●スクリーン＝味方のディフェンスを剥がすコンビプレー

スクリーンは日本語では「ついたて」「壁」と表現され、自らの体をついたてにし、ディフェンスの進行を止めることで味方をノーマークにするプレーです。

スクリーンプレーは大まかに2種類に分けられます。一つはボールを持っていない選手にスクリーンをかける**「オフボールスクリーン」**で、シューターをノーマークにして3ポイントシュートを放たせたい時などによく使われます。

もう一つは、ボールを持っている選手にスクリーンをかける**「オンボールスクリーン」**。これはBリーグだけでなくNBAを始めとする世界中のバスケットボールで必要

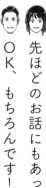

不可欠となっているプレーで、**スクリーンをかけた選手のその後の動き方によって「ピック&ロール」と「ピック&ポップ」というプレーに分かれます**。

オンボールスクリーンでボールを持っている選手が、先ほど紹介した「ボールハンドラー」。スクリーンをかけた選手が「スクリーナー」です。

さらに、**スクリーンには「ディフェンスを迷わせる」という効果**もあります。

「ノーマークになった選手にパスするだろうか？　それともそれをおとりにして他の選手を生かすだろうか？　どっちを守ればいいんだ……！」みたいなことですよね。

おっしゃるとおり。ディフェンスの判断をコンマ数秒遅らせるだけでオフェンスの優位性が高まるわけです。単純なスクリーン一つで相手を混乱させてチャンスを作るというのも、スクリーンの重要な役割です。

オンボールスクリーンからのピック&ロールについてはCHAPTER4でくわしく説明します！

●スクリーン時に要注意な「イリーガルスクリーン」

スクリーナーにはスクリーンをセットした後に動いてはいけないというルールがあり、

スクリーンの最中に動きながらディフェンスと接触した時は**「イリーガルスクリーン」**というオフェンスファウルを宣告されます。

現場では**「ムービングピック」**というふうにも言われますね。

イラスト❶のように、ディフェンスがスクリーンに引っかからなそうだからといって近づくのはダメですし、TIPS11で説明したシリンダーの範囲を超えてイラスト❷のようにヒジやお尻を突き出してもファウルになります。

試合中、ボールの行方を追っていたらい

❶

❷

きなり笛が鳴って、しかもオフェンスファウルが宣告されていて「いったい何事？」とびっくりするんですが、なるほど、このファウルが起きていたんですね。

TORIVIA!

スクリーンの起源は体育館の柱？

バスケットボールが冬の屋内スポーツとして発祥したということはすでに説明しましたね。当時のアメリカの体育館は体操をする場所で、球技をすることが想定されていなかったため、体育館のど真ん中に天井を支える2本の大きな柱が立っているところもあったそうです。学生たちはそこでバスケットボールをするうちに、柱をうまく使って……鬼ごっこの鬼を木を使ってかわすようにノーマークになり、そこから着想を得たのがスクリーンの起源だと言われています。

TIPS
21
比江島慎の伝家の宝刀〝比江島ステップ〟の正体

続いてうかがいたいのが、比江島慎選手のプレーが取り上げられる時に必ずといっていいほど出てくる「比江島ステップ」です。動画をいろいろ見てみても、どのステップが比江島ステップなのかがわからないんです〜。

これはいろんなところで説明していることではあるんですが、**「比江島ステップ」は特定のテクニックをさす言葉ではありません**。

ええっ、そうなんですか！

はい。「かめはめ波」とか「ゴムゴムの銃」みたいな必殺技ではなく、**比江島選手自身が持っている独特なリズム感や変幻自在の足さばき、ボディコントロールを総称したもの**だととらえるのがいいかな。日本人選手であそこまでフィニッシュ（シュート）にいくまでの動きが多彩な選手はいないし、なかなか他の選手がマネできるものではないと思いますね。

比江島ステップのポイントってなんなんでしょう？

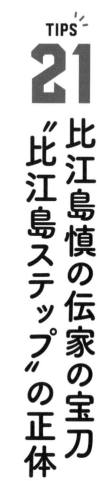

まずは**ディフェンスの重心移動を的確にとらえる能力がある**んじゃないかなって思います。「相手の状態がこうなっている時は、こう動く」というのを無意識に突き詰めているというか。

ディフェンスの情報を読み取って、プレーの取捨選択をしているわけですね。

そして、そこに対応するステップの技術がとにかく多い。あとは**ステップだけでなく細かいショルダーフェイクや首振りなどもうまく使ってます**よね。ディフェンスに真意を悟らせない。そういうことも含めて、つかめそうでつかめない、うなぎのような選手です。

たしかに、比江島選手のプレーって、なんだかぬるっとしてます（笑）。

多彩なステップの技術を持つ比江島慎選手　© B.LEAGUE

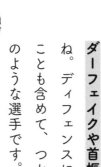

TIPS
22 「まずはディフェンスから」と言われるのはなぜ？

試合映像を見たり、選手たちのコメントを見るようになって以来、選手やコーチが**「ディフェンスから立て直しました」**とか**「まずはディフェンスからという意識で試合に入りました」**というようなことをよく言っているので気になっています。これってどういうことなんですか？ **点を取り合うスポーツなのに、なんで「まずはオフェンスから」ではないんですか？**

実際に取材をしていてもよく聞く言葉ね。
グッドクエスチョンですね！ これには**二つの大きな要因がある**と思っています。

●要因1 シュートよりもコントロールしやすい

自己啓発やビジネスハックで「自分にコントロールできることだけにフォーカスすればフラストレーションを軽減できる」というようなことがよく言われますが、バスケットボールで**「自分にコントロールできること」**に当てはまるものの一つがディフェンスです。

シュートが2分間入らないということは往々にしてありますが、**一人一人がディフェンスを40分間、高い強度で遂行し続けることは、選手の気持ち次第で可能**です。また、シュートが入った・入らないにフォーカスしていると、試合を通してメンタルが浮き沈みすることになります。

チームビルディングの側面から見ても、チーム全員の気持ちを統一するためにコーチやチームリーダーが「まずはディフェンスから頑張ろう」と呼びかけることにはとても大きな意味があると思います。

●要因2 勝利するための基礎

少し抽象的な表現になりますが、僕は解説で時々**「ディフェンスは優勝するチャンスを与えてくれるもの、オフェンスは栄光に導くもの」**というフレーズを口にします。簡単に言うと、**ディフェンスは家で言う基礎で、オフェンスがデザインや間取りにあたるものです。**どんなに豪華な家でも、**基礎がしっかりしていないといざという**

ディフェンシブレーティング B1上位8チーム

順位			
2022-23シーズン	CS進出	クラブ	ディフェンシブレーティング
1位	★	琉球	103.0
2位		信州	103.2
3位	★	千葉J	103.3
4位	★	名古屋D	103.7
5位	★	A東京	104.4
6位		秋田	104.8
7位	★	川崎	105.1
8位	★	島根	105.3
2021-22シーズン			
1位	★	宇都宮	99.6
2位	★	琉球	101.1
3位	★	川崎	102.9
4位	★	A東京	103.2
5位	★	秋田	103.6
6位	★	千葉J	105.4
7位		信州	107.2
8位	★	名古屋D	107.2
2020-21シーズン			
1位	★	宇都宮	101.4
2位	★	川崎	104.7
3位	★	琉球	105.0
4位	★	千葉J	105.9
5位		秋田	106.2
6位		信州	107.6
7位		名古屋D	108.7
8位	★	大阪	109.7

Data Stadium

時に崩壊してしまう。そういったニュアンスです。

各チームのディフェンス力を示す**「ディフェンシブレーティング」**という指標があります。これは、**仮に100回攻撃されたとしてそのうち何点奪われるかを計算した数字**ですが、Bリーグがこのデータを取り始めた2020-21シーズンから3シーズンを見てみると、**上位8チームのほとんどがチャンピオンシップに進出**していることがわかります（右の表）。

NBAのように、どんなにディフェンスをしても止められないような選手がゴロゴロいるようなリーグは別ですが、**Bリーグは現状、ディフェンスの優位性の高いリーグなので、「しっかり守る」ということにフォーカスするチームが多い**のは当然といえば当然でしょう。

これからは
もっとディフェンスにも
注目します！

TIPS

23 ファウルを戦略的に使う

ファウルマネジメントについても、少し説明しましょうか。

え、それはなんですか？

「ファウルを五つすると退場」っていうルールを**「ファウルを五つまで使える」**ととら**えて、ファウルを戦略的に活用してゲームを組み立てること**だよ。

そんな戦い方もあるんですね……！

ビッグマンの得点を防ぐ

バスケットの真下で、**フリースローの苦手なビッグマンにボールを持たれた際は、ファウルが有効**です。何もしなければダンクシュートを決められるだけですが、**ファウルをしてフリースローにできれば、1点ないし無得点に抑えられる可能性が高い**からです。

ただし、ボールでなく体にアクションしたとみなされたり、オフェンスの肩より上を腕で強打したりしたら**アンスポーツマンライクファウル**になるので、**ファウルをする技量も必要**です。

相手の攻撃時間を削る

試合時間残り16秒、2点リードというような、**相手に絶対にシュートを放たせたくない場面では、ファウルをして相手の攻撃時間を削るという戦略が有効**です。時間が減れば確率のよいシュートは放ちにくくなるからです。チームファウルに余裕がありさえすれば各クォーターの終了間際で同じことを行えます。

速攻の得点を止める

TIPS14で、速攻時のファウルがアンスポーツマンライクファウルになりやすいことを説明をしましたが、**うまくルールにのっとってファウルができれば通常のファウルとしてコールされ、レイアップでほぼ確実に2点奪われることを防げます**。

「ファウルはしたらダメ」としか考えていなかったので、目からウロコでした。

あ、でも三谷さんがおっしゃるとおり、**ファウルはしないに越したことはない**です。チームファウルが五つを超えると、主力以外のそれほど打開力のない選手にもフリースローでの得点チャンスを与えるなど、相手チームの攻撃の優位性が圧倒的に高まってしまいますから。あとは得点源の選手にファウルがかさめばベンチに下げざるを得ない状況に追い込まれて、いつもより出場時間が減少しかねません。

たしかにそうですよね。

アメリカのある著名なコーチは**「オフェンスで一番有効なのは相手からファウルをもらうことだ」**という言葉を残しているくらいです。

試合中継で、実況や解説の人が「今はファウルを使いましたね」って言ってるけど、選手を見てみたら「やっちゃった……」みたいな顔をしてるじゃん！ってことも時々あるよ（笑）。

なるほど（笑）。そこらへんもしっかり注目して判断します！

余談ですが「レイアップ」はすでにシュートの名前なので「レイアップシュート」は重複表現なんですよ

TIPS 24

オフェンスの質と量①
バスケットは数的優位を作るスポーツ

バスケットボールの見方は人それぞれなので、みんなに「こう見るべきだ」みたいなことは言えないんですが、初心者の方に注目してもらいたいことの一つに**「オフェンスの質と量」**があります。

???　どういうことですか？

簡単に言うと**質はシュートの確率、量は攻撃の回数**です。**バスケットボールは、オフェンスの質と量をどう大きくするかの争いと言っても過言ではありません。**ここに注目できるようになると、バスケットボールという競技をさらに楽しめるようになるはずですよ。

めちゃくちゃ興味津々です。ぜひ教えてください！

もちろんです！

●質の高いオフェンスを生み出す数的優位

確率の高いシュートを生み出すために欠かせない要素は、いくつかあります。

一つめは**「数的優位（アウトナンバー）」**です。**数的優位というのは、オフェンスの参加人数がディフェンスのそれを上回る状況のこと。**数的優位が多ければ多いほど**ノーマークの選手**が増え、**確率の高いオープンシュートを放つチャンス**が増えます。

例えば、戦力が拮抗したチームが同じ回数攻撃したとして、ディフェンスに守られた状態からシュートを放ったチームより、オープンシュートをたくさん放ったチームのほうが多く点が取れるということは、当たり前に予想できることだと思います。

速攻やピック&ロールは数的優位を生み出すプレーの代表格と言えるでしょう。もう一つの要素に

オープン（ノーマーク）の選手がいるパターン

ついては後で説明したいと思います。

つまり、応援しているチームが**数的優位を作った上でノーマークのシュートをどれくらい放てているか**に注目するといいんですね。

そのとおり！　他にもポイントがありますよ。**一つはシュートを放つべき選手が放つべきエリアで放てている**こと。3ポイントだったら、10本放って1本しか入らない選手より、3回放ったら1回は決められるという選手が放っていることのほうが大切ですし、ノーマークのミッドレンジより多少マークされたバスケット付近のほうがシュートの確率が高い、決めきれるという選手もいます。

うーん、奥が深い……！

もう一つは、シュートの放ち方。パスを受けてシュートを放つ、いわゆる**「キャッチ&シュート」**はパス

オープン（ノーマーク）の選手がいないパターン

が正面から来ることが多い上に自分のバランスを十分に保ちながらしっかり放てるので、実はアンバランスになっているレイアップよりも決めやすいシュートになります。一方で、**ドリブルで相手と駆け引きをしながら放つ外郭からのシュート**は華やかである反面、体勢を安定させるのがとても難しいので、基本的に確率は下がります。

富樫勇樹選手の得意プレーですね。彼のようにステップバック（バスケットから遠ざかるステップ）からスリーを高確率で決められる選手は、リーグでもほんの一握りととらえたほうがいいと思いますね。

ドリブルからステップバックスリーを放とうとする富樫勇樹選手　© B.LEAGUE

TIPS 25 オフェンスの質と量② 質のいいオフェンスの最高峰はフリースロー

質のいいオフェンスの指標となるもう一つの要素がフリースローです。**ペイントエリアにアタックしてフリースローをもらうのが、実は一番いい攻撃**です。

誰にも邪魔されず、自分のタイミングで放てるからですか？

そのとおり。もう少し深掘りすると**「得点期待値」が高い**からです。

むむっ、また初めて聞く言葉です。

得点期待値（通称「**期待値**」）**とは、1回の攻撃で獲得が期待できる得点**のことで、英語では「**Points**

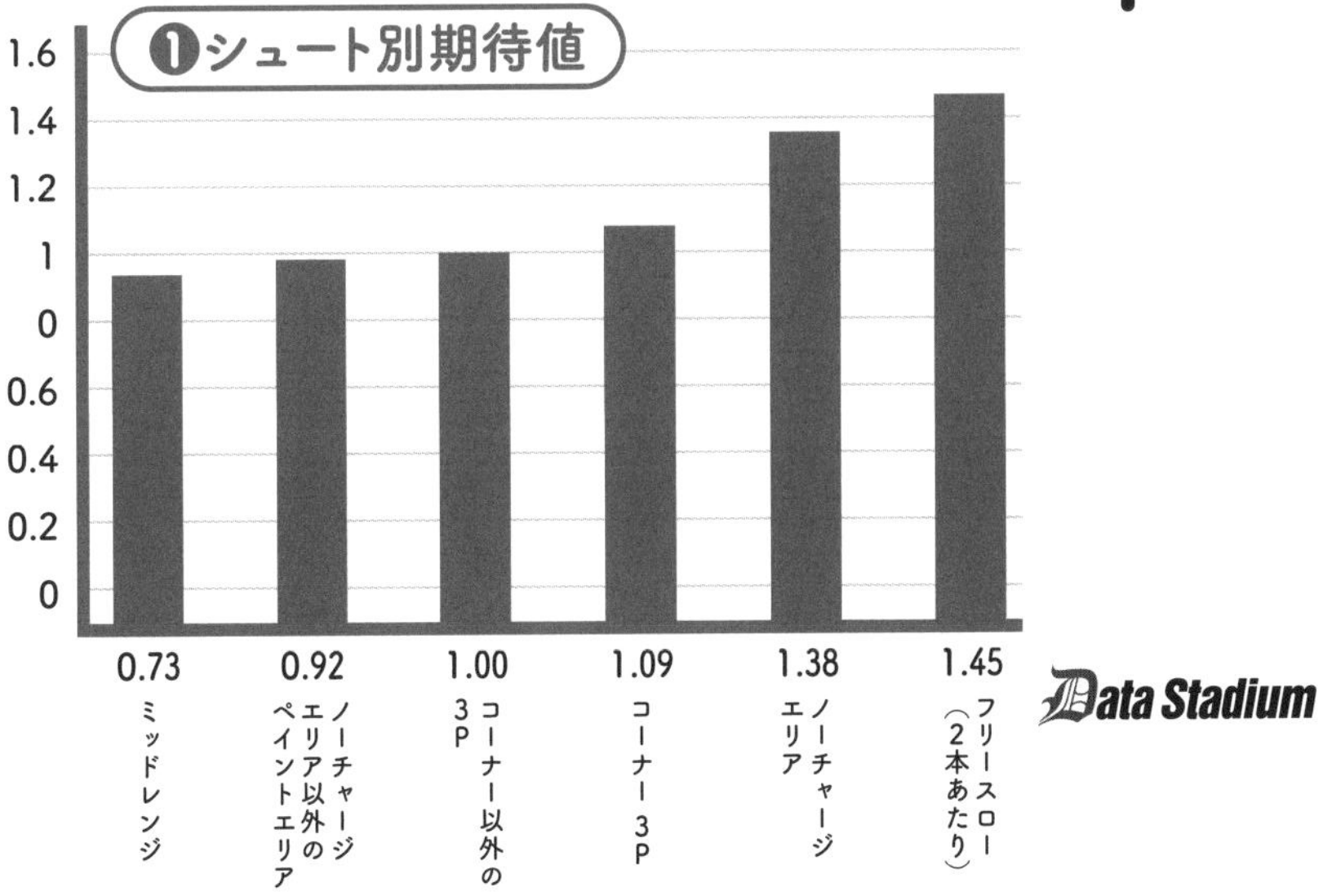
❶シュート別期待値
1.6
1.4
1.2
1
0
0.6
0.4
0.2
0
0.73 ミッドレンジ
0.92 ノーチャージエリア以外のペイントエリア
1.00 コーナー以外の3P
1.09 コーナー3P
1.38 ノーチャージエリア
1.45 フリースロー（2本あたり）
Data Stadium

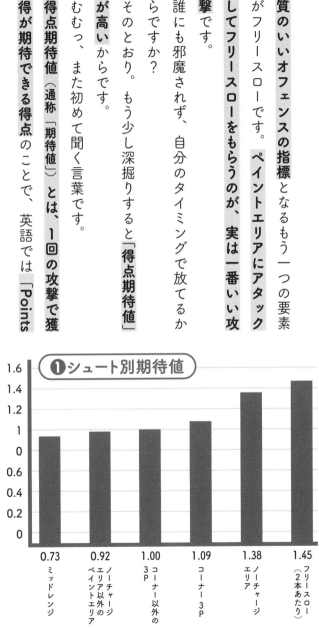

Per Possession（PPP）」と呼ばれます。前ページのグラフ❶はB1 24チームの2022-23シーズンのデータをグラフ化したものです。**フリースローを2本獲得できたら1・45となり、コート上で最も高い数値**となります。❶の期待値をコート上で表した下の図を見てもらうとわかりやすいですね。

選手やコーチが「もっとアタックが必要だった」とか「もっとファウルをもらいにいくべきだった」とコメントするのは、こういうことも理由の一つなんですね。

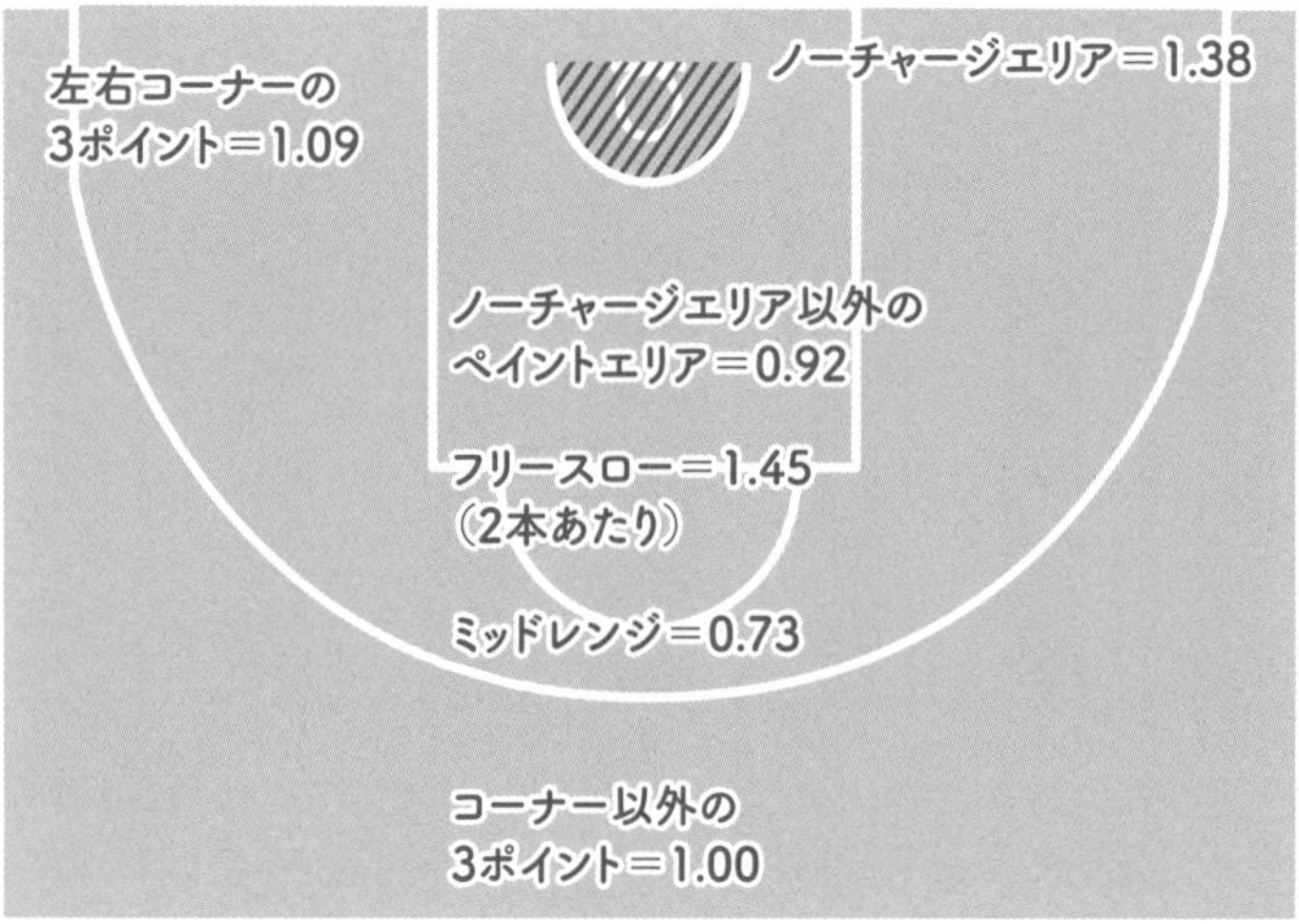

左右コーナーの
3ポイント＝1.09
ノーチャージエリア＝1.38
ノーチャージエリア以外の
ペイントエリア＝0.92
フリースロー＝1.45
（2本あたり）
ミッドレンジ＝0.73
コーナー以外の
3ポイント＝1.00

TIPS 26

オフェンスの質と量③

「シュートの量」で圧倒すれば質の高いチームにも勝てる

数的優位を作ってシュート回数を増やすことや、**フリースロー**をもらうのが**「オフェンスの質」**につながるのは理解できました！　**「オフェンスの量」**ってなんですか？

シュートの回数です。そして、シュートの回数で相手を上回ることにつながるプレーは**オフェンスリバウンド、相手のボールを奪うスティール、相手からシュートに至る前に攻撃権（ボール）を失うターンオーバーを誘うこと**です。

スティールは相手のシュートの機会を1回減らし、オフェンスリバウンドは自チームのシュートの機会を1回増やせるプレーだね。

『スラムダンク』でも「オフェンスリバウンドは4点分の働き」と言っていました！

ははは。実際にはそうではないんだけれど、体感はそのくらいのインパクトに感じますよね！　TIPS25で紹介した得点期待値と照らし合わせると、1回の攻撃あたりの**得点期待値はリーグ平均でおおよそ1（1・08）。つまり、オフェンスの質が同等の**

相手であれば、（シュートで終われたとして）シュートの回数で10回上回れれば10点差で勝てるチャンスが生まれるということです。そこに質でも上回ったら20点差以上をつけて圧倒できるかもしれない。NBAを筆頭とした**世界のトップリーグは、数的優位を作るオンボールスクリーン、得点期待値の高い3ポイントシュートを軸とした「オフェンスの質」の争いが主体**になっていて、オフェンスリバウンドと勝敗の相関関係が昔に比べるとかなり希薄になっているくらいです。

インサイドでオフェンスリバウンドを無双するビッグマンが多数いるBリーグは「量」の側面も強そうですね。

そうですね。**Bリーグは2016年の創設当初は圧倒的に「量」のリーグでした**が、ルカ・パヴィチェヴィッチヘッドコーチや、大野篤史ヘッドコーチといった**「質」を求める指揮官が率いるチームが結果を出した**ことも手伝ってか、**徐々に「質」のリーグに変わってきている**と思います。ただ、Bリーグは外国籍選手が同時にコートに立てる人数をシーズンによって変化させながら進んできているので、質と量のどちらが優位かはこれからもおもしろい研究トピックになります。

この先のお話でも
ベースになる考え方なので、
覚えておいてくださいね！

TIPS 27 バスケットをさらに深く楽しむ「スタッツ」とはなにか？

ではここから、**「スタッツ」**の話に移っていきましょうか。

待ってました～!!

スタッツ（Stats）はStatistics（統計）の略で、チームや選手が試合に関わるアクションを起こした回数などを統計的に記録したデータのことです。スタッツを読めるようになると、**各チームのスタイル**がわかります。先ほど話した**「オフェンスの質と量」もスタッツを見れば把握できます**し、注目しているチームのスタイルがわかったら「どんな戦術で成功率の高いシュートを生み出してるんだろう？」「シュート回数を増やすために特にどんなことを重視してるんだろう？」といったように思考が広がっていきます。

同じように、**選手のスタイル**もわかってきますよね。

はい。「シュートはあまり上手じゃないけどスティールがうまいんだな」とか「身長はそんなに高くないけれどリバウンドの回数が多いな」とか。

試合が始まる前に両チームのデータをチェックしておくのもよさそうですね。

それはおすすめです。「シュート回数で押してくるチームだから、タフな試合になりそうだな」「質のいいオフェンスをさせないためにどう守るだろう？」というようなことを考えておくと、**より観戦が楽しくなる**と思いますね。

●「ボックススコア」を見てみよう

それではまず、**1試合の各選手のスタッツをまとめた「ボックススコア」**を見てみましょうか。Bリーグ公式サイトで確認できます。

うわぁ、いろんな項目があって混乱しちゃいます！

ですよね（笑）。特に押さえておきたい項目を説明します。

フィールドゴール成功率

フィールドゴール（フリースロー以外のシュート）の成功率。40％以下だとかなり低く、50％を超えると相当高い

ボックススコア

#	S	選手 PLAYER	ポジション PO	プレー時間 MIN	得点 PTS	フィールドゴール FGM	FGA	FG%	2Pt 2FGM	2FGA	2FG%	3Pt 3FGM	3FGA	2FG%	フリースロー FTM	FTA	FT%
1	○	——	PG/SG	20:44	13	6	10	60.0%	5	8	62.5%	1	2	50.0%	0	0	0%
2		——	PF	19:57	18	8	9	88.9%	8	9	88.9%	0	0	0%	2	3	66.7%
3		——	SF	00:00	0	0	0	0%	0	0	0%	0	0	0%	0	0	0

シュート EFG%	TS%	リバウンド OR	DR	TR	アシスト AS	AST/TO	ターンオーバー TO	スティール ST	ブロック BS	BSR	ファウル F	FD	貢献度 EFF	+/−
65.0%	65.0%	1	2	3	7	3.5	2	3	0	0	1	1	20	20
88.9%	87.2%	1	4	5	1	1	1	0	1	0	2	2	22	12
0.0%	0.0%	0	0	0	0	0	0	0	0	0	0	0	0	0

ボックススコア用語表

#	ナンバー
S	スターター（先発選手）
PTS	得点数
FGM	フィールドゴール成功数
FGA	フィールドゴール試投数
FG%	フィールドゴール成功率
2FGM	2Pシュート成功数
2FGA	2Pシュート試投数
2FG%	2Pシュート成功率
3FGM	3Pシュート成功数
3FGA	3Pシュート試投数
3FG%	3Pシュート成功率
FTM	フリースロー成功数
FTA	フリースロー試投数
FT%	フリースロー成功率
EFG%	3Pは2Pに比べて1.5倍の価値があることを加味したフィールドゴール成功率
TS%	2Pシュート・3Pシュート・フリースローの三つのシュート試投数で得点を割り込んだシュート全体の精度を示す数値
OR	オフェンスリバウンド数
DR	ディフェンスリバウンド数
TR	トータルリバウンド数
AS	アシスト数
AST/TO	ターンオーバーあたりのアシスト数
TO	ターンオーバー数
ST	スティール数
BS	ブロック数
BSR	被ブロック数
F	ファウル数
FD	被ファウル数
EFF	貢献度。（得点数＋アシスト数＋ブロック数＋スティール数＋被ファウル数＋トータルリバウンド数）-（ターンオーバー数＋被ブロック数＋ファウル数）-（2Pシュート試投数-2Pシュート成功数）-（3Pシュート試投数-3Pシュート成功数）-（フリースロー試投数-フリースロー成功数）で導き出される
+／-	その選手が出場していた時間帯のチーム全体の得失点差

と言えます。

アシスト

得点につながったパスの回数。フリースローにつながったパスも含まれます。

ターンオーバー

シュートに至る前にボールを失った回数。ドリブルミスやパスミス、キャッチミスなど、その人の責任で相手ボールになった時にカウントされます。オフェンスファウルもターンオーバーにカウントされる他、24秒バイオレーションは、チームにカウントされるターンオーバーです。

ターンオーバーあたりのアシスト数

ボールを保持する回数の多い**ポイントガードだったら、アシスト対ターンオーバーが2対1程度ならしっかり仕事を果たしている**と言えるでしょう。チーム全体で2対1なら相当素晴らしい数字です。

スティール

相手から直接ボールを奪った回数です。ボールを奪った状況……例えばドリブルからなのか、パスなのかについては問いません。

＋／－（プラス・マイナス）

その選手がコートに入った時を0－0と想定し、ベンチに戻った時に2点リードしていたら「2」が加算されます。4点ビハインドならば「-4」。その**選手が出ている時間帯にチームが好転したかどうかがわかります**。

POINT!

スタッツでバスケットボールのすべてを語ることはできない

スタッツは試合を客観的に分析できる非常に便利な指標ですが、これだけで**バスケットボールのすべてを語れるほど完璧ではありません**。例えばある選手が約5分の出場時間で10というプラス/マイナスを記録したとします。数字だけを見るととても活躍しているように見えますが、もしかしたら他の4人の選手の活躍が大きかったのかもしれませんし、大量リードを奪われた試合の終盤だったかもしれません。文脈、つまり**試合の流れを理解してこそのスタッツ**だということは忘れないでほしいです。

TIPS 28

ヘッドコーチからの信頼は出場時間とフィールドゴールに表れる

ヘッドコーチの、選手に対する**評価や期待が如実に表れる重要なスタッツ項目**がありますよ。

え！ それはなんですか？

出場時間とフィールドゴールの試投数です。僕はあまり時間がない時にもこの二つの項目だけは必ずチェックするようにしています。

出場時間はわかりやすいですね。**長ければ長いほど信頼されている**。

そうですね。**シュートの試投数を放ってないのに出場時間が長い選手は、おそらくディフェンスでの貢献度が高い選手**のはずです。

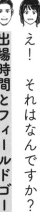

試投数も多ければ多いほどいいんですかね？

はい。成功本数が多ければ当たり前ですし、信頼されていない選手は10本シュートを放つ前に交代させられてしまいますから。例えば、千葉ジェッツは2022-23シーズン、**チーム全体のフィールドゴールの約20％を富樫勇樹選手が放っていました。**

ロスター（登録選手）が12人いて1人で20％……数字で見るとあらためてすさまじいです……！

富樫選手はジョン・ムーニー選手に次いでチームで2番目に長い平均約30分の出場時間も得ていて、そういう選手だからこそTIPS24で紹介したドリブルからのステップバックスリーという難しいシュートを放てるとも言えます。

Bリーグ公式サイトでは、選手の各スタッツがズラリと並んだ成績詳細のページもあるんだけど、このページ、各項目をタップしたら選手名がランキング順に並び替えられる便利機能があるの。**試合を見る前に「MINPG（Minutes Per Game：平均プレー時間）」と「FGAPG（Field Goals Attempts Per Game：平均フィールドゴール試投数）」のランキングをチェックしたら、どの選手が重要選手かがわかるね。**

なるほど！　これはめちゃくちゃありがたいです！

ここをCheck!!

順位	選手	クラブ	プレー時間		得点	フィールドゴール			2Pt		
			MIN	MINPG	PPG	FGMPG	FGAPG	FG%	2FGMPG	2FGAPG	2FG%
1	―	―	1073:46	29:49	23.4	7.4	18.0	41.4%	4.8	9.4	50.4%
2	―	―	1056:13	34:04	23.5	8.6	17.9	48%	7.8	14.7	53.1%
3	―	―	1165:37	32:22	20.5	6.7	17.3	38.6%	3.2	6.8	46.7%

TIPS
29 ハーフタイム中に押さえておきたいスタッツ4選

クォーターの間とかハーフタイムの間にチェックしておくといいスタッツ項目なんてありますか？

先ほどお話ししたフィールドゴール試投数と出場時間以外だと、**「オフェンスリバウンド数（OR）」「3ポイントシュート成功数（3FGM）」「フリースロー成功数（FTM）」「ターンオーバー数（TO）」**でしょうか。

相手チームの数字と比較してみるんですね。

はい。「オフェンスリバウンドが2回多いから、シュート回数が2回上回っているし、ターンオーバーは2回少ないから、相手より4回多く攻められているな」「フリースローが多いから効率のいいオフェンスが成功しているんだな」「3ポイントが3回多く成功してるから、ここだけで9点分上回れているんだ」というようなことが考えられます。

なるほど〜。**スタッツがわかると試合の解像度がすごく上がりそう！**

「オフェンスリバウンド」は攻撃側がリバウンドを取ってもう一度シュートチャンスをものにすることだから数が多いほうが有利、「ターンオーバー」は攻撃していた側が、スティールや自らのミスやファウルなどで攻撃権を失ってしまうことだから、数が少ないほうが有利だよ！

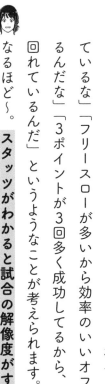

TIPS 30 3ポイントシュートは「量のスタッツ」ともとらえるべし

3ポイントシュートのスタッツは、もう少し深く読み解くこともできます。というのも、このスタッツは**オフェンスの質に関わる数字でありつつ、実は量のスタッツでもある**からです。

AとBというチームが下の図のようなスタッツだったと仮定します。Aは3ポイントシュートの成功数が6対3でプラス9点分上回り、2ポイントの成功数は3対6でマイナス6点下回っているので、フィールドゴールで見たらプラス3点上回っていることになります。

ここで思い出してほしいのが、TIPS25で説明した**期待値**です。Bリーグでは1回の攻撃における期待値は約1なので、この3点は**攻撃を3回多くするのと同じ意味**を持ちます。

	Aチーム	Bチーム	
3FGM	6	3	+9点
2FGM	3	6	-6点
OR	2	5	-3本

+9点と-6点で +3点 ↑ ±0 ← -3本

3FGM＝3Pシュート成功数　2FGM＝2Pシュート成功数　OR＝オフェンスリバウンド数

つまりこの場合、AはBに**オフェンスリバウンドで3本上回られているけれど、3点分シュートで上回っているからカバーできてるよ**、ということです。

えーと、つまり……**オフェンスリバウンドの回数やシュート回数が少なくても、その分3ポイントをたくさん決めていれば、互角に戦える**ということですか？

そのとおり！

試合後の記者会見で、「オフェンスリバウンドが少ないですが」と質問されたヘッドコーチが「そこはあまり気にしていません」って返すのを何度も聞いたことがあるけど、なるほど、そういうことだったのか！

そういうチームはむしろ**オフェンスリバウンドを取りに行こうとせず、早く戻って相手の速い攻撃を防ぐことを優先している**と思いますね。攻撃回数はあえて増やそうとしない反面、相手に質の高いシュートを与えないように細心の注意を払う、ということです。

うーん、ますますバスケは奥深いです……！

TIPS 31 ぱっと試合をつかめる「勢いポイント」

せっかくですから、僕が個人的に「**勢いポイント**」と呼んでいる、**チームのオフェンスの勢いを示すスタッツ項目**についてもご紹介しましょうか。

私でもとっつきやすそうなスタッツですね。ぜひお願いします！

勢いポイントに該当するのは、

ファーストブレイクポイント（Fast Break Points）
ペイント内でのポイント（Points in the Paint）
相手ターンオーバーからのポイント（Points From Turnover）
セカンドチャンスポイント（Second Chance Points）
最大スコアリングラン（Biggest Scoring Run）

の5項目です。

あれ？　どれもここまで教えてもらった項目ではないですね。

あぁ、そうですね。解説しましょう。

ファーストブレイクポイント

ファーストブレイク（Fast Break）から奪った得点です。**ファーストブレイクというのは「速攻」のこと**。ボールを持った選手の前にディフェンスがいない状態で決めた得点がこれに加算されます。ファーストブレイクが出るということは、綱引きで例えると一気に相手を引っ張れている状態。**このポイントに極端に差が出ていたら、多く獲得しているチームが試合の主導権を握っている**と考えていいでしょう。

ペイント内でのポイント

ペイントエリア内から放たれたシュートで奪った得点です。ペイントエリアでシュートを放てているということは**基本的にオフェンス側が優位な展開**。ペイント内でのポイントが40点くらい取れているけれど負けているという時は「オフェンスの組み立て自体はよかったけれど、アウトサイドのシュートが入らなかったんだろうな」というような分析ができるでしょう。

相手ターンオーバーからのポイント

スティールからの速攻など、**相手のミスから直接的に得た得点**です。時にディフェンスがオフェンスに直結してよい結果になっていることを示していたり、自身がミスから崩れたことを表す数字とも言えます。

セカンドチャンスポイント

オフェンスリバウンドから獲得した得点です。ディフェンス側からすれば、頑張ってディフェンスして「やったぞ、シュートを落とした」と思ったのも束の間、結局シュートを決められるので非常にダメージが大きい。オフェンス側はさらにファウルを獲得しようものなら大いに盛り上がり、山王戦終盤の湘北がそうだったように、**試合の流れを一気に変えるきっかけになります**。

最大スコアリングラン

その試合における**連続得点の最大値を示した数字**で、得点（その連続得点が発生した当時のスコア）という形で掲載されています。**得点が2ケタ台だったら相当優位な時間帯があった**と言えますし、**スコアが終盤のものであればあるほど盛り上がった**と推測できます。

ここで紹介した項目は
Bリーグ公式サイトで
「試合レポート」→「試合成績」→
「もっと詳しく見る」と進むと
見られます。

TIPS

32

W杯躍進のカギとなった「アナリティクス・バスケットボール」を知ろう

こうやって**具体的な指標を知ると、試合観戦の解像度が一気に上がります**ね。数字ってすごい……。

数字というのはバスケットボールの理解を助けるとてもシンプルな共通言語なんです。

男子日本代表を2023年ワールドカップでの大躍進に導いたトム・ホーバスヘッドコーチも、**「アナリティクス・バスケットボール」**という言葉を掲げ、数字を重んじるコーチとして知られていますね。

おっしゃるとおり。**「3ポイントシュートの成功率は40%」「スティールは目標10回」「フリースローは18本」「パス数は1試合200回以上」**と様々な目標数値を設定することで、選手たちに自分たちが何をすべきかということをより具体的に理解させていると思います。ここで少し、データ分析の歴史を紐解いてみましょうか。

●統計学の専門家が始祖

バスケットボール界でデータ分析が注目され始めたのは2000年代初頭。アメリカの統計学の専門家であるディーン・オリバーが『バスケットボール・オン・ペーパー』という本を出版したことがきっかけと言われています。

この本で最も特筆すべきトピックは**「4ファクター」と言われる、四つの新しい指標**を世界に広めたことです。現代バスケで定石とされる**「遠めの2ポイントシュートより3ポイントシュートのほうが効率がいい」「オフェンスは時間をかけず速く攻めたほうがいい」**という点に早くから着目し、これをスタイルに取り入れたコーチはそれまでも多くいましたが、バスケットボールの常識を変えるには至りませんでした。

しかし、オリバーが**統計を用いて勝利に重要な四つの指標を証明した**ことで、NBA、そして**世界のバスケットボールのスタイルは一気に変化。**3ポイントシュートが爆発的に増加し、ゲームは格段にペースアップを果たしました。ステフィン・カリーという稀代のシューターを軸に、2014-15シーズンから5シーズン連続のNBAファイナル進出、3度の優勝を果たしたゴールデンステイト・ウォリアーズは、アナリティクス・バスケットボール時代の到来を象徴する存在と言えるでしょう。

TIPS

33 世界のバスケットを変えたスタッツ「4ファクター」

4ファクターについても、ぜひくわしく教えていただきたいです。

おぉ、あゆみさんがスタッツに燃えている……！

もちろんです！　4ファクターは**「フィールドゴール」「ターンオーバー」「フリースロー」「オフェンスリバウンド」の四つのスタッツを、試合の状況を的確に示すための数式を使って導き出した数字**です。

エフェクティブフィールドゴールパーセンテージ（eFG%）

3ポイントシュートには2ポイントシュートの1.5倍の価値があるということを加味したフィールドゴール成功率です。ボックススコア上でフィールドゴールは2ポイントと3ポイントの合算で扱われますが、フィールドゴール10本中2ポイントだけで5本成功で10点取る選手と、10本中3ポイント2本成功を含む4本のフィールドゴール成功で10点取る選手の価値は従来のフィールドゴール成功率では推し量れないよね、というところから生まれた数値です。

ターンオーバーパーセンテージ（TO%）

攻撃100回あたりのターンオーバー確率を示した数字です。試合やチームによって攻撃回数が異なることを考慮し、「100回」という同じ条件下の確率を導き出せるよう、FTA（フリースロー試投数）に0・44という係数を加えています。

フリースローレート（FTR）

フィールドゴール100本あたりのフリースロー獲得率。「決定率」でなく「獲得率」なのがポイントです。オリバーは勝利のカギをフリースローを「決める」よりも

4ファクターとその計算式

■eFG%
（フィールドゴール成功数＋0.5×3ポイントシュート成功数）÷フィールドゴール試投数

■TO%
100×ターンオーバー数÷（フィールドゴール試投数＋0.44×フリースロー試投数＋ターンオーバー数）

■FTR
フリースロー試投数÷フィールドゴール試投数

■ORB%
オフェンスリバウンド÷（オフェンスリバウンド＋相手チームのディフェンスリバウンド）

「獲得する」こととしていて、その理由はTIPS25で紹介したとおり、得点期待値が高いからです。

オフェンスリバウンドパーセンテージ（ORB%）

リバウンド100回あたりのオフェンスリバウンドの獲得率。

オフェンスリバウンドの数はシュートを外した回数に左右されます。なので、外したシュートのリバウンドをどれだけ獲得できたかをより正確に把握できる数字です。「オフェンスの量」に直結します。これが高いチームは「勢いポイント」であるセカンドチャンスポイントで試合を優位に進めることができます。同じ数式でディフェンスリバウンド獲得率も算出できます。

数式で導き出された
この指標が世界の
バスケットボールの
スタイルを変えたことは
ぜひ知っておいてほしいです！

TIPS 34 平均得点はあてにならない！ オフェンシブレーティングを読み解く

4ファクターや、Bリーグ公式サイトの「詳細」に掲載されているスタッツは、ボックススコアに掲載された「ベーシックスタッツ」から派生したスタッツという意味で**「アドバンスドスタッツ」**と呼ばれます。

また新しいスタッツ！　選手のものもクラブのものも、いっぱいありますね……！

チームに関わるアドバンスドスタッツで押さえておきたいのは、レーティングに掲載されている**「オフェンシブレーティング（OFFRTG）」**と**「ディフェンシブレーティング（DEFRTG）」**です。というのも、ベーシックスタッツである平均得点数（PPG）と平均失点数（OPPPTSPPG）はチームの本当の攻撃力と守備力をはかる上で不完全な指標だからです。

え!?　どういうことですか??

ここで簡単な問題です。平均得点が90点の2チームがあるとします。Aは90回攻めて90点取るチーム。Bは70回攻めて90点取るチーム。さて、どちらのほうが攻撃力が高いと思いますか？

えーと……少ない攻撃回数で点数を取れているBですかね。

そういうことです。ですから、TIPS33で紹介したTO%やFTR、ORB%と同じように、**攻撃100回あたりの得点を示すオフェンシブレーティング**と、**守備100回あたりの失点を示すディフェンシブレーティング**、そして**その得失点差を示す「ネットレーティング」**をもとに考えたほうがいいです。

承知しました！

平均得点・失点があてにならない理由がもう一つあります。それは、Bリーグはチームによって攻撃回数にかなりばらつきがあるからです。

左ページの表はB1 24チームの**1試合の平均攻撃回数（ペース／PACE）**をランキング化したものです。

一番多いチームと一番少ないチームとで7以上差がある……。

これだけ攻撃回数が違うチームをいっしょくたにして「平均」として扱っているのですから、精密な数字とは言えないですよね。

アドバンスドスタッツは
気になりだしたら
かなり沼りそうですね……！

2022-23シーズンのB1ペースランキング

1	横浜BC	74.7
2	群馬	74.5
3	滋賀	74.3
4	秋田	74.2
5	川崎	74.1
6	三遠	74.1
7	SR渋谷	74.1
8	富山	74
9	名古屋D	73.9
10	北海道	73.4
11	新潟	72.7
12	茨城	72.7
13	仙台	72.6
14	大阪	72.5
15	千葉J	72.4
16	京都	72.1
17	広島	71.9
18	島根	71.6
19	琉球	71.3
20	FE名古屋	71.2
21	信州	74.1
22	三河	71.1
23	A東京	68.1
24	宇都宮	67.7

Data Stadium

TIPS

35 スタッツに表れない隠れたファインプレーとは

スタッツをチェックすると**選手やチームのいろんな特徴に気づくことができる**んですね。

そうだね。ただ、これは個人的な意見になるんだけど、試合観戦をする時にはぜひ**「スタッツには残らないけれどすごく大事なプレー」をしている選手にも注目してもらいたい**な。

例えばどんなプレーがあるんですか？

次ページから紹介する❶〜❹のようなプレーはその一例ですね。TIPS28でお話しした**「得点はあまり取っていないけれど出場時間が長い選手」**は、こういったプレーでチームに貢献しているとも考えられると思います。

こういうことが得意な選手は**「プレーが渋い」「職人」「玄人好みのプレーヤー」**みたいに取り上げることが多いかも。

TIPS27のコラムでも触れましたが、スタッツだけでバスケットボールのすべてを語ることはできませんからね。**数字とプレーの両輪で観戦を楽しんでほしい**です。

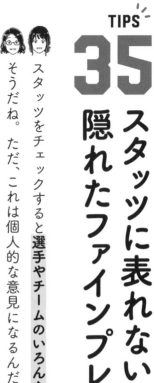

❶体を張る

TIPS20で紹介した**「スクリーン」**や、リバウンドを奪いやすいエリアから相手を遠ざける**「ボックスアウト」**などの体を張ったプレーは、スタッツに表れない好プレーの代表例。ペイントアタックからシュートを狙おうとする**ボールマンの進路を確保するためにディフェンスをブロックする「クリアアウト」**という動きもあります。

❷走る

得点力のあるビッグマンがペイントエリアに飛び込むことで、彼の得点を警戒した複数のディフェンスがそこに引きつけられ、他の選手たちがノーマークになります。**速攻の場面でビッグマンが先頭に立ってリングに走る「リムラン」**は、ディフェンスをビッグマンに集中させ、他の選手たちにノーマークでシュートを放たせる素晴らしいプレーです。

❸スペースを作る

1対1での打開力が高い選手のまわりから**ディフェンスを遠ざけてスペース（空間）を作り、より自由にプレーさせる動き**も地味ながら重要度の高いプレーです。また、精

❸

他のオフェンスがディフェンスを遠ざけてくれているのでボールマンは右にも左にも攻められる!

❷

度の高いシューターは、たとえシュートの調子が悪くてもマークをゆるめることはできないので、コートにいるだけでスペーシングに貢献する存在と言えます。

④ボールを奪う

今にもコートから出そうなボールに飛びつき、マイボールにしようとする行動は、それがたとえボール保持につながらなかったとしてもチーム全体の士気を大いに高めるもの。一般的にどちらのボールになるかわからない状態のボールを**「ルーズボール」**と言い、これをマイボールにすることは相手よりも攻撃回数で上回ることにつながります。コーチたちは選手たちのルーズボールへの反応スピードを映像で確認したり、過去の映像を「今日は全員からこのような献身的なプレーが必要になる！」と試合前のミーティングで見せたりもします。

④

おおお!!

CHAPTER 4

ピック&ロールや変化する選手の役割から見る現代バスケの魅力

クリスさん
ミホさん
スッ…
あの…
さっきから
ときどき
でてくる
ピック&ロール
ズバッ
まんをじして！
この解説を
お願いしたい
です！
フフフ
とうとう
ここまで
来ましたね…

今バスケを見始めた人たちにとっては「バスケットボールを見る＝ピック&ロールの攻防を見る」です
今回のレクチャーの終着点はそこなのかなって思ってます
そのぐらいピック&ロールというものを見れるかどうかで楽しみ方の深さが変わってきます
え！めっちゃ大切じゃないですか！
ただこれけっこう複雑だからね
覚悟はいい？
ここまで来たらもちろんです！
OK！じゃあ説明しましょう

ピック&ロールはディフェンダーにスクリーン（ピック）をかけた選手が
くるっと回ってボールを受けるプレーです
ボールハンドラー
スクリーナー
スクリーン（ピック）
ロール
なるほどそれでピック&ロール！
ディフェンスのズレを作ります
試合でもよく見ます！
わかった！ピック&ロールで数的優位な状況を作るってわけですね！
その通り！
ふふふ
私も成長しましたよ！
ピック&ロール？
おいしそ〜♪
ホカホカ
ピック
ロール
あっあつチーズ
ぷりぷりソーセージ
かつてのあゆみ
そういえばクリスさん
…
ピック&ロールっていつ生まれたものなんですか？
起源までさかのぼることはできませんが
世界で隆盛を極めたのは92年のバルセロナ五輪以降かと

現代のピック&ロールは
当時ダントツで強かったアメリカを倒すため
ヨーロッパ諸国
特に旧ユーゴが磨いたものが主流になっています
アメリカが発祥ってわけじゃないんですね
アメリカでも古くからやってますよ
ただアメリカ代表の個人の打開力や運動能力に対抗するため
独自の進化が起きたと言えるのではないでしょうか
Bリーグ初期のアルバルク東京も
旧ユーゴ出身のヘッドコーチが指揮してましたもんね
ピック&ロールで勝ち星重ねてた
なんだか専門的な話になってきましたね…!
三谷さんもそれだけ学んできたってことですよ

ここから先はバスケをより戦術的な目線で紐解いていきます
スッ
…というこことで
こういうボードを用意しましたよ！
ババン
…
え？さっきも見た気が…
なんですかこれ
…顔？
がくっ
あ わかった！新しく実装されるマスコットキャラだ！
私が説明するね！
で——ん
BIG 510
架空のマスコット「ビッグコートン」

※矢印などの表現は書籍や人によって異なります。

これは選手がどっちを向いてるかを示していて
●＝オフェンス
●＝ディフェンス
描かれる点線はパスやシュート
ジグザグ線はドリブルを表すの
スクリーンや移動もあるよ!
なるほど…!
理解しました
ここからは少しテクニカルなことも解説していきますが
知っておくと試合の見方がグッと変わりますよ
最後のレクチャー
気合い入れていきましょう!
はい!

TIPS

36 ワールドスタンダードに近づきつつあるBリーグ

アナリストとしてとてもエキサイティングな時代に立ち会えていることにBIG感謝!

僕は2016年のBリーグ開幕当初から解説者として、2017－18シーズンから**「リーグ公認アナリスト」**として試合を継続してフォローしています。その中で特に興味深く見ていたのが**リーグ全体の戦術的な成長**です。NBAを始めとする世界の強豪リーグは、2010年前後より**ピック&ロールを主体とした、3ポイントシュートを積極的に活用するバスケットボールに移行**。けれど初期のBリーグはピック&ロールの遂行力に課題が多く見られ、世界で「時代遅れ」となりつつあったビッグマンのシンプルなポストプレー（詳細は後述）での1対1を軸とするチームも多数ありました。

しかし年月を経て、近年の**Bリーグは世界のリーグにようやく近づいてきた**なという印象を受けます。次のページからの表は2016－17シーズンと2022－23シーズンのB1各チームの**3ポイントシュートの試投本数**を比較したものと、**ピック&ロールの使用回数を比較したもの**です。7年間でBリーグのバスケットボールのスタイルに**劇的な変化**が生じていることが如実に理解できると思います。

B1各チームの3ポイントシュートの試投本数比較

2016-17シーズン

クラブ	フィールドゴール試投数における3ポイントシュート試投数の割合
千葉J	40.3
滋賀	36.8
名古屋D	36.6
SR渋谷	36.1
秋田	35.6
大阪	33.5
A東京	33.7
三遠	32.5
琉球	31.6
新潟	30.6
川崎	30.5
仙台	29.6
京都	29.2
横浜BC	28.7
三河	27
栃木	26.4
富山	25.9
北海道	25.1
40％超は1チーム 30％後半は4チーム	

Data Stadium

2022-23シーズン

クラブ	フィールドゴール試投数における3ポイントシュート試投数の割合
信州	47.5
千葉J	47.1
川崎	43.6
島根	42.7
FE名古屋	41.1
横浜BC	40.2
新潟	40.2
滋賀	40
広島	39.8
秋田	39.6
琉球	39.6
宇都宮	39.3
茨城	39.2
SR渋谷	39.1
仙台	39
京都	38.4
三河	38.3
富山	38
名古屋D	37.7
大阪	37.6
三遠	37.5
北海道	36
群馬	33.1
A東京	33
40％超は8チーム 30％後半は14チーム	

B1各チームのピック&ロールの使用回数比較

2016-17シーズン

クラブ	ピック&ロールの使用回数
北海道	26.3
A東京	25.4
名古屋D	25.4
川崎	23.2
秋田	23
琉球	22.8
滋賀	22.2
新潟	21.3
仙台	21.1
三遠	20.8
栃木	20.7
千葉J	20.2
京都	19.1
横浜BC	18.5
SR渋谷	17.7
大阪	17.4
富山	16.2
三河	15.8
30回超は0チーム 25回超は3チーム 20回以下は6チーム	

© Sportradar社

2022-23シーズン

クラブ	ピック&ロールの使用回数
千葉J	35.7
信州	32.9
島根	32.4
北海道	32
京都	31.7
A東京	31.6
群馬	31.5
大阪	30.7
横浜BC	30
宇都宮	29.7
茨城	29.3
滋賀	29.1
秋田	28.7
川崎	27
琉球	26.7
名古屋D	26.6
三河	26.4
SR渋谷	25.9
FE名古屋	25
広島	22.7
三遠	22.7
仙台	22.4
新潟	22.1
富山	17.5
30回超は9チーム 25回超は10チーム 20回以下は1チーム	

※ここでピック&ロールの回数としているのは、ピック&ロールから直接または一つのパスで攻撃を完結した回数です。実際のゲーム中にはより多くのピック&ロールが行われていますが、本書籍では実際の数値を推しはかる数字として紹介しています。

初期のBリーグでポストプレーが多用された理由

創設当初のBリーグで、ポストプレーでの1対1が主流だったのはなぜだったんですか？

グッドクエスチョンです。一つは、**ピック＆ロールはボールハンドラー自身が高い得点力を有していることが前提にあるプレー**ということがあると思います。

190㎝を超えるような選手がピック＆ロールを仕掛けることはあまりなかったですし、**富樫勇樹選手のような高い得点力を持つポイントガードも少数派**でした。

当時のポイントガードは、得点力よりゲームコントロールするのが一般的でしたからね。「得点力の低いポイントガードがスクリーンを使う時間があるなら、リム付近でボールを持てれば高確率でシュートを沈められる外国籍ビッグマンにボールを託してしまおう」となるのは、当然といえば当然です。そこでディフェンスが慌ててダブルチームに来れば、数的優位が生まれて、誰かがオー

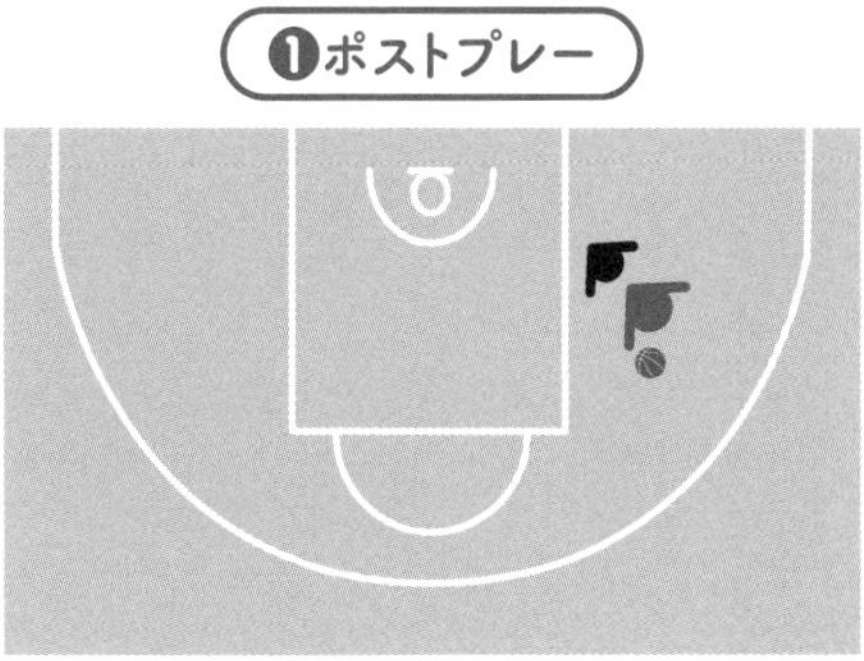

プンになる。これはあくまで私見ですが、僕自身も含めて**ピック&ロールの効果を正しく理解し、奥深さを今のレベルでとらえていたコーチ・選手は、当時はまだ多くなかった**と思います。

実際のプレーを想定しながら説明します。1対1のポストプレーは、主に前ページの❶のように**ペイントエリアの外側で背中にディフェンスを背負った状態**から始まります。**ペイントエリアで得点しやすいのはリング直近のノーチャージエリア**ですが、ピッタリ密着しているマークマンとやり合いながらこのエリアまで侵入するのは簡単なことではありません。ところが❷の**ピック&ロールを使うとマークマンと距離ができ、簡単に侵入することができる**。

こっちのほうが断然簡単ですね。

そうなんです。ただ、ここまでは昔からわかっていたピック&ロール効果。TIPS38で解説する内容を踏まえてピック&ロールの理解が深まると、ポストの1対1を愚直にやること自体が時間の無駄だとわかるし、**ビッグマンを使いたい時もピック&ロールをかませたほうが効率的**だよねという考えになるわけです。

❷ピック＆ロール

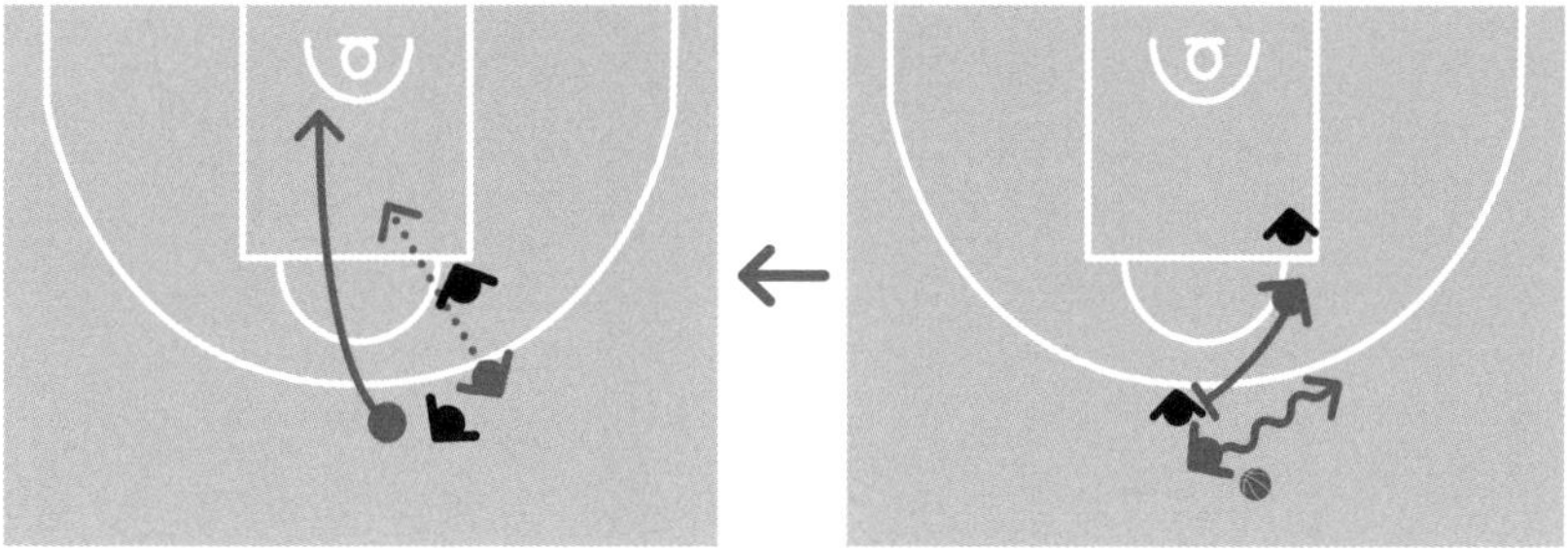

●再び到来しつつある「量の時代」

とはいえ、**NBAと同じくらいのレベルでポストプレーがなくなっているわけではない**ですし、むしろ近々のデータを見ていると**押し返しが来ている**なとも感じます。

どういうことですか?

Bリーグのレギュレーションが変更されて、**ロスター（登録選手）における海外出身選手の割合が増えたことが影響**しているんじゃないかと考えています。少し余談になりますが、Bリーグは創設7年という歴史に対して**かなり高頻度に海外出身選手のレギュレーションの変更**が行われています。

「登録は3人できるけどベンチ入りは2人まで」とか「同時にコートに立つ人数の合計を1試合をとおして6以内にしなければいけない」とか、ありましたね。後者はどのクォーターで2人起用するかみたいなところにも戦略があって、なかなかおもしろかったです。

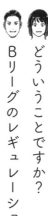

え〜、そんなルールがあったんですか!

そこから今は**帰化選手やアジア特別枠が増えた**ことで、また**かつてのような海外出身選手たちによる肉弾戦が増えてきている**んです。彼らがもつ個のアドバンテージで崩せるようになって、質でなく量が重視されるからシュートの確率が下がって、結局リバウンドの攻防が重要になって……というような。2022-23シーズンの琉球ゴールデンキングスのリーグ初制覇は、**肉弾戦に強いジャック・クーリー選手が非常に大きな貢献を果たしました**よね。

そうですね。さらに2023年のW杯、ホーバスJAPANの影響からか、23-24シーズンのB1では15チームがフィールドゴール全体に対して40％以上の3ポイントを試投（1月19日時点）していますし、この先のBリーグが戦術面においてどのように変化していくか、引き続き興味深く見ていきたいです。

肉弾戦を制するジャック・クーリー選手　© B.LEAGUE

TIPS

37 ピック&ロールを広めたディフェンスの変化

1対1のポストプレーが減ったもう一つの理由は、**期待値という概念が生まれた**ことで、どんなに優秀なポストプレーヤーがいたとしてもこのエリアのシュートはそれほどダメージが大きくないと判明したことも大きいです。

Bリーグ以前の日本バスケ界では、ペイントエリア付近でビッグマンにボールを持たれたら、その選手の得点能力がどうであれ、多くの場合❶のように**誰かがヘルプディフェンスに行くのが通例**でした。

ところが、**1人を2人で守ることでオフェンスに数的優位を与え、3ポイントシュートを決められる**❷**のほうがダメージが大きい**ということがわかり、このヘルプをやめようという流れが出てきました。

ポストプレーの1対1にヘルプにいった時に起こり得ること

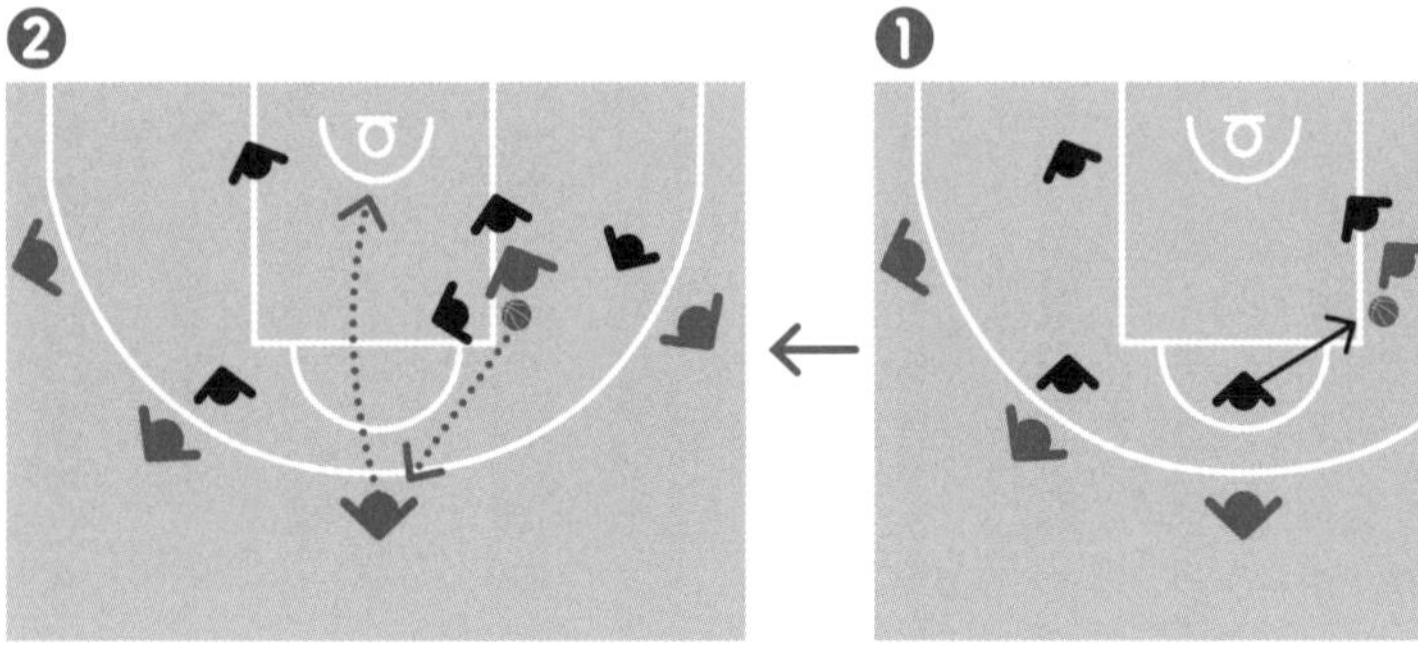

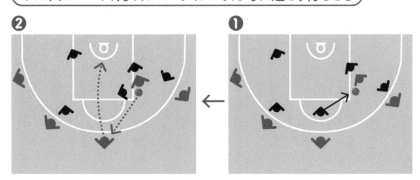

これを提唱したのが、2017－18シーズンと18－19シーズンに**アルバルク東京をリーグ連覇に導いたルカ・パヴィチェヴィッチコーチ**です。

パヴィチェヴィッチコーチは、もともと、男子日本代表のヘッドコーチ代行として来日しているのですが、彼がチームに合流してまずやったのが**過度（不必要）なヘルプディフェンスの撤廃**。

そして、アルバルク東京相手に**ポストの1対1で数的優位を生み出せなくなった対戦チームが、新たな数的優位を生み出すプレーとして目を向けたのがピック&ロール**でした。

NBAでも煩雑になっていた
ペイント内での肉弾戦（力比べや背比べ）を
解消し、運動能力の高い選手が流れの中で
ペイントをアタックできるように
ピック&ロールが主流となりました。

TIPS 38

ピック&ロールの最大の効果は数的優位を作ること

ハーフコートオフェンスで目指したいのは、**ペイントエリア内で2対1の状況を作ること**です。ペイントエリアは一見狭く見えるかもしれませんが意外と広くて、プロのレベルならばこの状況さえ作れればかなりの確率で得点を決められます。

僕は小学生向けのバスケ教室を運営していますが、子どもたちには「この競技はボールをバスケットに入れるスポーツだし、**ペイントエリア、可能ならノーチャージセミサークルまでボールを進めることがオフェンスの仕事の半分以上**だよ」と話します。

実際のプレーを見てみましょう。

左ページの❶は最もベーシックなピック&ロールの動きです。ボールハンドラーのAはBのスクリーンを使ってペイントエリアにドリブルし、Bもペイントエリアに走ります。すると**ペイントエリアはBのマークマンだった'Bしかいない「2対1」の状況**となるため、Aは'Bの動きを見た後で、Bにパスを出すか自分でそのままレイアップに行くかを選択すればいいのです。

❶「2対1」の状況（ペイントエリア）

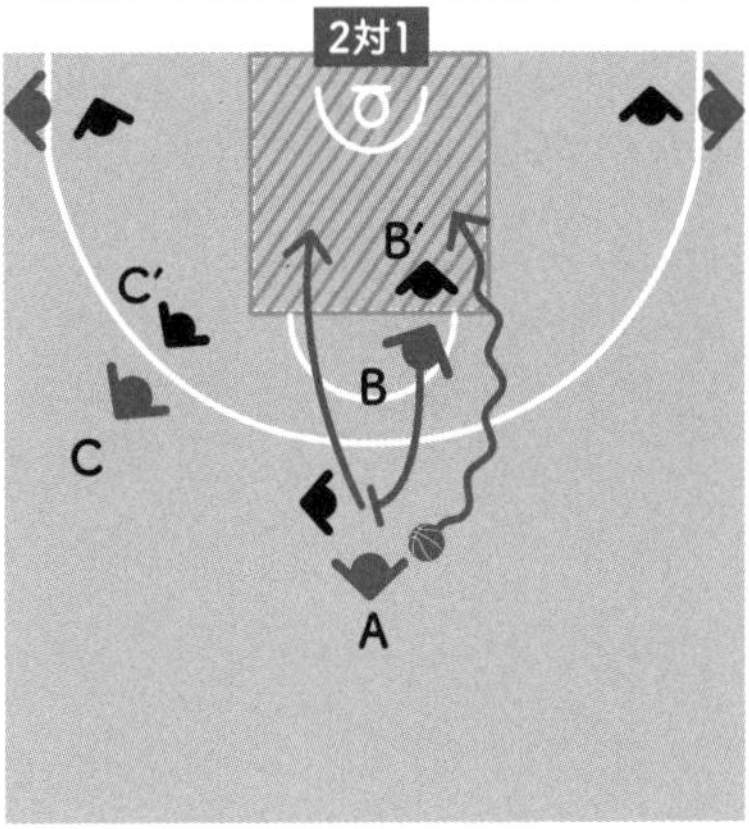

❷「3対2」の状況（コート左側）

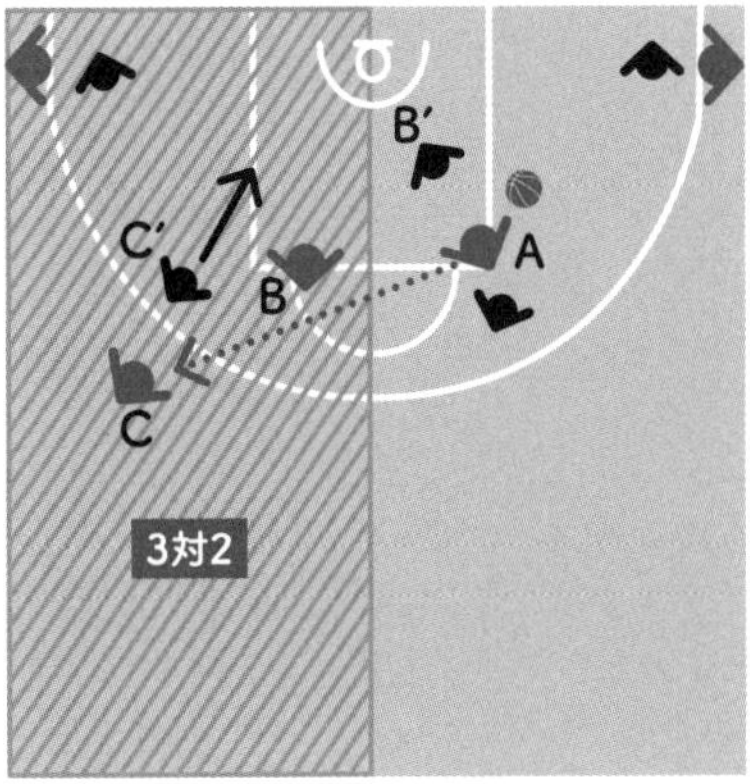

このような事態を避けるため、C をマークしていたC′がペイントエリアを守りに来たら、今度は**コートの左側で3対2の状況が生まれます**（❷）。Aがノーマークの C にパスを出せば、Cは余裕をもって3ポイントシュートを放つことができます。

このように**オフェンスがディフェンスより人数が多い状況を「数的優位（アウトナンバー）」**と呼ぶのですが、ピック&ロールでペイントエリアまでボールを侵入させるとコート上のどこかに数的優位が生まれます。そして、この**ピック&ロールによって生まれた数的優位をお互いがどのように攻め、守るか**というところが、現在のバスケットボールにおける最大の注目ポイントだと言えるでしょう。

TIPS

39 河村勇輝とルカ・ドンチッチ――2秒先の未来を見ている天才たち

選手たちはプレーしながら「今、数的優位ができているな」と気づけるんですか？

そうですね。こういうところの感覚がいいなと感じる選手は多数いますが、**中でもすごいのは河村勇輝選手**。彼が高校3年生の冬、三遠ネオフェニックスの特別指定選手としてB1デビューした時点でびっくりさせられました。

特別指定選手時代から普通にB1で通用していましたね。私も驚かされました。

試合は生き物なので状況は目まぐるしく変わるし、いつでもきれいな形で数的優位が生み出されるわけじゃない。でも河村選手は僕が「**引力**」と呼んでいる、選手それぞれのディフェンスを引き付ける力と、その引力によってディフェンスのバランスがどのようにいびつになっているか、その状態でどこにパスを出せばいいかという感覚が**18歳の時点ですさまじかった**です。**ルカ・ドンチッチ選手に似たものを感じました**。

ドンチッチ？　なんだかかわいい名前の選手ですね。

19歳でNBAの新人王を獲得した**世界屈指のスーパースター**だよ！

非常にバスケットボールIQの高い選手です。ドリブルでペイントエリアに侵入するタイミングでコーナーにいる選手に目配せをしておいて、その後その選手をずっと無視してプレーしてから最後にノールックでアリウープのパスを送ったりするんですが、河村選手も彼と同じように、**目配せやちょっとした動き一つでディフェンスを意のままに動かせる力**があります。

たしかに、河村選手のプレーを見ていると、**味方も敵も、その場にいる全員を意のままに動かしているような感覚**を覚えることがありますね。

パスがうまい選手に対して「なんであんなパスができるんですか？　視野が他の選手と違うんですか？」と尋ねられることがよくあるんですが、**ドンチッチ選手と河村選手に関しては、見てからパスを判断しているのでなく、見る前か**

河村勇輝選手のノールックパス　© B.LEAGUE

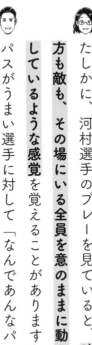

ら「パスする」と決めているんだと思います。

「あとはパスするだけ」というところまで状況を作り込んでおくような感じでしょうか？

おっしゃるとおり。チームがやろうとしている**バスケットボールの原理原則を隅から隅まで理解**していて、他の選手たちよりも**2秒くらい未来を見ている**というか、「次はこうなる」という絵をより鮮明に描けているというか。

すごい……とても人間業とは思えない……。

ディフェンスの心理状態とかそういうものを**全部知り尽くした上で、原理原則にあてはめてプレーを決めている**感じ。なんなら**味方を一切見なくてもパスが出せる**と思いますよ。「今は味方がこういうふうに動いていて、それに対応してディフェンスはこう動いているはずだから、味方のあの選手はここにいる」ということを理解しているから、**みんながあっと驚くようなパスを出せる**んだと思います。

河村選手が、Bリーグのみならず世界の舞台でも活躍できたのは、そんな力があったからなんですね。すごい！

●バスケIQが高いってどういうこと？

ちなみに「バスケットボールIQ」って、今お話しいただいたようなことがそうだととらえていいんですか？

OKです。**バスケの原理原則を深く理解している選手はバスケIQが高い**し、これが**最高レベルに至ると、自分の目で見ずとも誰がどこにいるかを把握できます**。

何十手も先のことを見越せる将棋の棋士と似てますね。

そうですね。ゲームに入る前から「たぶんこういう展開になるだろうな」みたいなイメージがある程度浮かんだ状態でコートに立っているような。そういった選手はきっと**自分以外の9選手だけでなく、ヘッドコーチの思惑も掌握している**ところがあると思います。「俺がこのプレーを決めたらこういう対策を取ってくるだろうな」と。

他にIQの高さを感じる選手はいますか？

ガード以外だと、2023－24シーズンで現役引退を発表した川崎ブレイブサンダースの**ニック・ファジーカス選手**ですね。得点だけでなくパスなどでも非常に高い能力を発揮する選手ですが、自分の手にボールが収まる前に、次にどこにパスをすればいいのかがわかっていると思います。もちろん自らシュートに持ち込んでも恐ろしい男です。

TIPS

40 3ポイントシュートはピック&ロールの栄養剤

話が少し戻ってしまうんですけど、そもそもなぜ3ポイントシュートがたくさん放たれるようになったんですか？

一つはここまでに何度かお話ししたように、3ポイントの**期待値の高さ**が明らかになったからでしょう。もう一つは、3ポイントが**ピック&ロールになくてはならない栄養剤**だからです。**ペイントエリアに侵入した上で生まれた数的優位は、3ポイントがなければ完結しない**と言っても過言ではないんですよ。この話をする前段階として、**「スペーシング」**について少し説明させてください。

スペーシング？

オフェンス側の5人がそれぞれ適切な距離を取りながらプレーすることだね。

スペーシングの原則は、1人のディフェンスで2人のオフェンスを守る状況を作らないこと。左ページの❶を見てみてください。ボールマンのBがペイントエリアに到達し、ディフェンスの，Eはヘルプにきています。**左サイドに3対2の数的優位が生まれた**シチュエーションです。しかも、DとEはどちらも3ポイントを決められる選手だとします。三谷さん、このように**DとEが3ポイントラインの内側に立っていたら**どのようなことが予想できますか？

えーと……DとEが近くにいるから、BがDかEにパスしても，Dが1人で守れそうですね。

そのとおり！　せっかく作ったはずの**数的優位が打ち消されて**しまいます。ところが❷のように**DとEが3ポイントラインの外側に立ち、なおかつしっかり距離を取っていたら**どうでしょう？

あ！　これはディフェンスが相当走らないとDかEに3ポイントを放たれちゃいますね。

そうです。3ポイントを決めることができる選手は**ディフェンスを引き付ける強い引力**を持っている上に、**ス

スペーシング❶

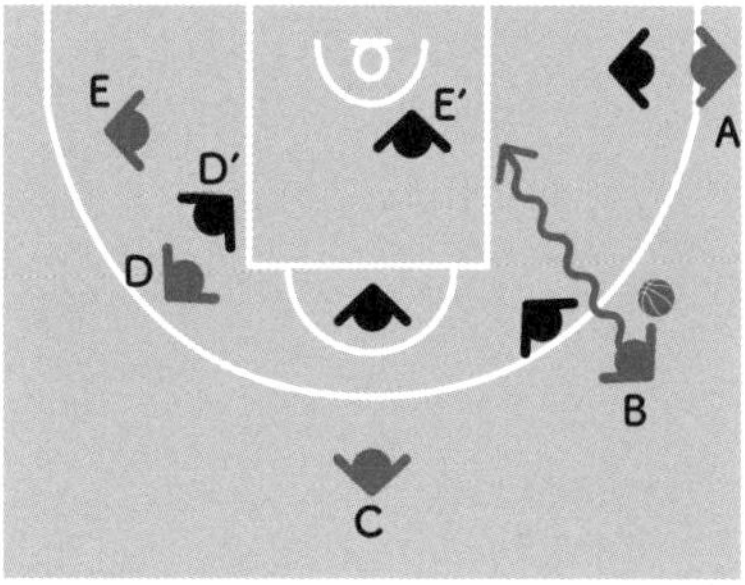

スペーシング❷

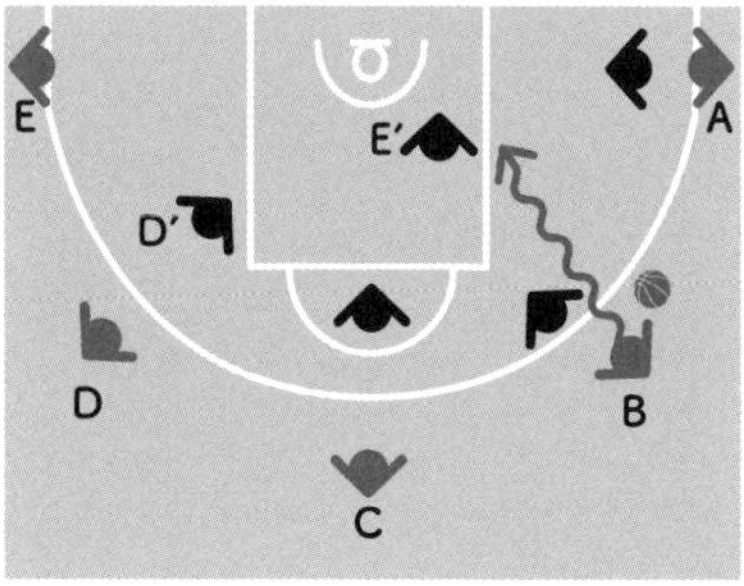

ページングにも貢献します。つまり、3ポイントシュートをしっかり活用することは、数的優位をいかに作るかにフォーカスする**ピック&ロールの攻防に欠かせないプレー**なのです。

3ポイントが放てるパワーフォワードの選手を**「ストレッチフォー」**と呼びますが、**スペースを引き伸ばすという意味で「ストレッチ」**という表現をしているわけですね。

そうですね。以前はパワーフォワードのプレーヤーはインサイドプレーが主体でしたが、**ストレッチフォーのように万能なパワーフォワードが増えてきたのはまさにピック&ロールの浸透**によるものです。

初めてBリーグを見に行った時、『スラムダンク』の赤木や桜木のような大きな選手たちがどんどん3ポイントを放つのは本当に衝撃的でした！

『スラムダンク』が連載されていた90年代は、❸のよう

❸90年代のポジショニング

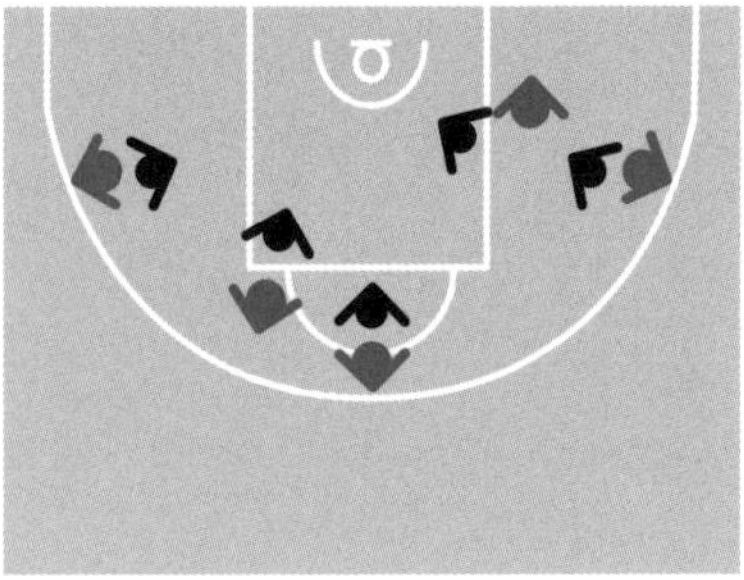

❹現在の代表的なポジショニング

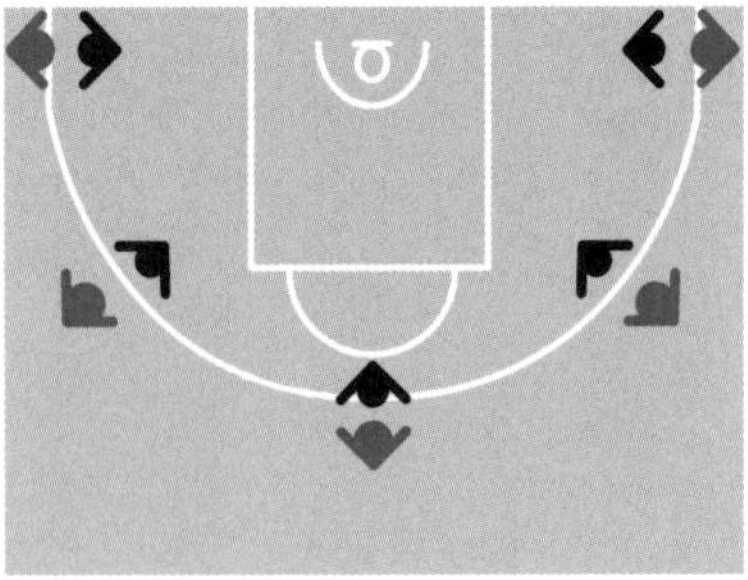

に**5人全員が3ポイントラインの中に入っている**ことも多く、どこにいてもディフェンスが近いため、確率の高いシュートを放つのが困難でした。現在は❹のように**全員が3ポイントラインの外にポジショニングする**ことで**右にも左にも攻められる**ようになっています。

❸のポジショニング、まさに作中で見ました！

NBAでゴールデンステート・ウォリアーズに黄金期をもたらし、アメリカ代表を東京五輪金メダルに導いたスティーブ・カーコーチは**「スペーシングがあればシステムがある」**と言っています。これは裏を返せば**「スペーシングがなければどんな戦術も成り立たない」**ということで、現代バスケにおいてはそれほどスペーシングが大事だと伝えているわけです。

私のような初心者がここにうまく注目するポイントはありますか？

選手たちの距離感が近いのか・遠いのか、3ポイントラインの外に何人の選手がポジショニングしているかといったことに着目すると、スペーシングを重視しているチームがよくわかると思います。

TIPS

41 Bリーグの戦術レベルを引き上げた富樫勇樹

先ほど少し触れましたが、**ピック&ロールはボールを扱うボールハンドラー自身が3ポイントを放てないと成り立たない戦術**でもあります。

と言いますと？

ピック&ロールを守る戦術の一つの「**アンダー**」は、**ボールハンドラーのディフェンスがスクリーナーの裏を通ってボールハンドラーの進行方向に先回りするという戦術**で、これをされると数的優位が生まれません。

結局元通りのマッチアップですもんね。

アンダーをされた時に有効な打開策は、ボールハンドラーがその場で3ポイントを放ってしまうことなのですが、このシュートに自信がない、もしくは「ここでシュートを放っていいの？」というメンタル的なブレーキがある選手は、延々アンダーで対応され続けてピック&ロールの効力を発揮できません。

ドリブルからの3ポイント……こなれた言い方をすると「プルアップスリー」は富樫

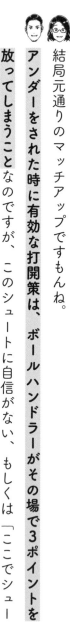

選手の得意技ですが、当初このシュートを見た時はかなり驚きましたね。まだショットクロックがたくさんあるタイミングで放つのも「それ早打ちじゃないの？」ってびっくりでした。

アンダーの打開策

大木さんの感覚は一般的なものだと思います。ただ、**ピック&ロールの重要性**を考えると、この局面で**しっかりシュートを決めて相手に代償を払わせないことには次の展開が生まれない**んですよね。

さっきクリスさんがおっしゃったように、同じことの繰り返しになってしまうからですね。

はい。お互いが1試合に放つシュート本数がほとんど同じ場合、「1対1主体で点を取ります」「ディフェンスが目の前にいる状態でもシュートを放ちます」というチームが「3ポイントシュートをノーマークで放っています」「ドライブでペイントエリアにボールを運べています」というチームと対戦したら確率論で負けてしまいます。

あらゆる意味でBリーグを牽引する富樫勇樹選手　© B.LEAGUE

アメリカの高校でプレーした**富樫選手は、いち早く世界のトレンドを取り入れたスタイルでプレーしていた**ということですね。ピック&ロールの技術も突出しているし、人気や**「日本人初の1億円プレーヤー」**ということはもとより、**戦術面でもBリーグを牽引する存在**だとあらためて感じさせられました。

余談ですが、2022年7月の「FIBAアジアカップ」イラン戦で、**3ポイントでなくパスを選択した河村勇輝選手がホーバスコーチに激しく怒られた**シーンがメディアで大きく取り上げられましたが、ホーバスさんはまさにこれを伝えたかったわけです。**「シュートがなかったら君のパスは生きないよ」**と。

河村選手は、特別指定選手からプロに転向した2021-22シーズンまでは3ポイントにかなり苦労していたし得点も多くなかったけれど、2022-23シーズンは3ポイントの試投数が約2・5倍、平均得点が約2倍増。今や**日本人選手トップの得点力を誇る選手になった**んだから本当にすごいことです。

強気な
3ポイントを放つ
ボールハンドラーは
勝利に欠かせない存在
なんですね！

TIPS 42

3ポイントシュートを多投する本当の理由

スペーシングの恩恵はデータにもしっかりと表れています。TIPS25で、フリースローを除くと**得点期待値が一番高いエリアはノーチャージエリア内の1.38**だと紹介しましたが、スペーシングがきちんと取れていない状態でこのエリアでシュートを放っても、期待値どおりに得点は取れません。

2人がかり、3人がかりで囲まれたらシュートを決めるのは難しいですもんね。

そう、**ディフェンスが少ない状況を作り出しているからここの確率が高まる**んです。

前著『NBAバスケ超分析　語りたくなる50の新常識』（インプレス）で、NBAにおけるノーチャージエリア内でのフィールドゴール試投数、成功数、成功率を計算したのですが、稀代のペイントアタッカー、レブロン・ジェームズを要するマイアミ・ヒートが**スペーシングを重視したバスケ**をするようになったのが2012年。彼らが一気に強豪となり、**NBA全体がスペーシングの威力に気づいた15年以降はリーグ全体の**

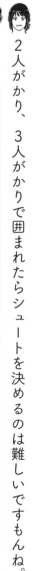

成功率が飛躍的に上がっていました。

男子日本代表が3ポイントをたくさん放つスタイルをとっているのも、**身長の低い日本人選手たちが一番期待値の高いノーチャージエリアで確実に得点を決めるための布石**でした。

ワールドカップにおけるホーバス・ジャパンは、5試合で2ポイントを161本放ち、57%の成功率を収めていますが、ミッドレンジのシュートは全体の2割に満たない数しか放っていません。

3ポイントの成功率は当初の目標である40%に満たない31%でしたが、それでも3回勝てたというのは、**「日本は3ポイント」という意識を相手に植え付けて、ジョシュ・ホーキンソン選手や渡邊雄太選手をはじめ、172㎝の河村勇輝選手もバスケット周りに切り込めたのが大きい**と思います。

POINT!

「ちょい踏みシュート」は
最悪のシュート！

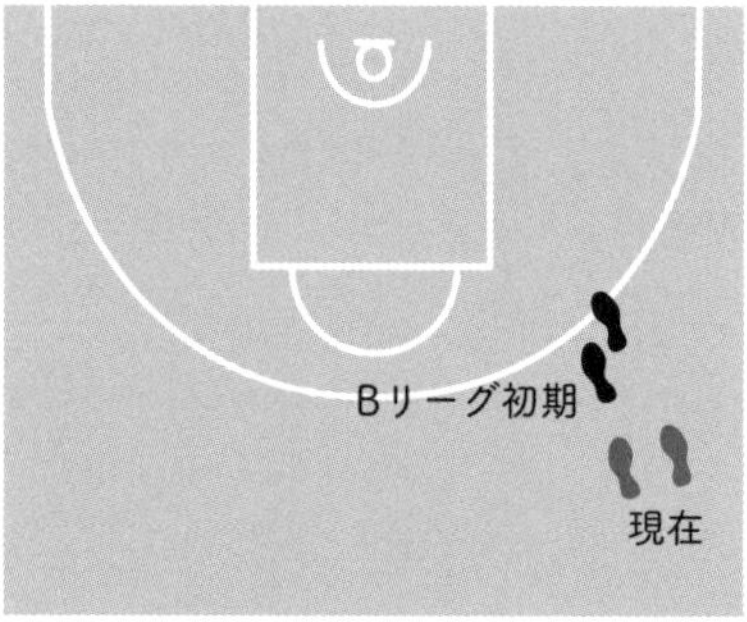

Bリーグが創設された当初は、利き足（一般的に少しだけ前に出ます）のつま先が3ポイントラインを踏んだ状態でシュートを放つ選手が多くいました。ラインを踏もうが踏むまいが成功確率はほとんど変わらないのに、得点は確実にマイナス1点になる最悪のシュートです。3ポイントに自信がなくて、ラインギリギリのところでプレーするクセがついていたのが理由だと思いますが、3ポイントの重要性が広く認知された現在は、3ポイントラインから少し離れた場所に立つ選手が増えています。スペースを広げることにも貢献できる、いいポジショニングです。

TIPS 43 コーナーの3ポイントシュートはなぜ期待値が高い？

3ポイントの話で思い出しましたが、TIPS25の期待値のグラフでコーナーの3ポイントの期待値が高いのに驚きました。**リングの横から放つシュートなんて難しそう**なのに。

おっしゃるとおり、ボードというわかりやすい目標物のないコーナーからのシュートは、学生時代は遠近感の取りづらさを理由に苦手とする選手も少なくありません。ただ、**きちんとデザインされたコーナースリーは数的優位が完璧に作られていて、「ここにボールが来たら3ポイントシュート以外の選択肢はない」**っていうくらい判断がシンプルなシュート。むしろ放たないとコーチから怒られるくらいです。

え！　そうなんですか。

図を使いながら説明しましょう。

コーナースリーの有効性

❶

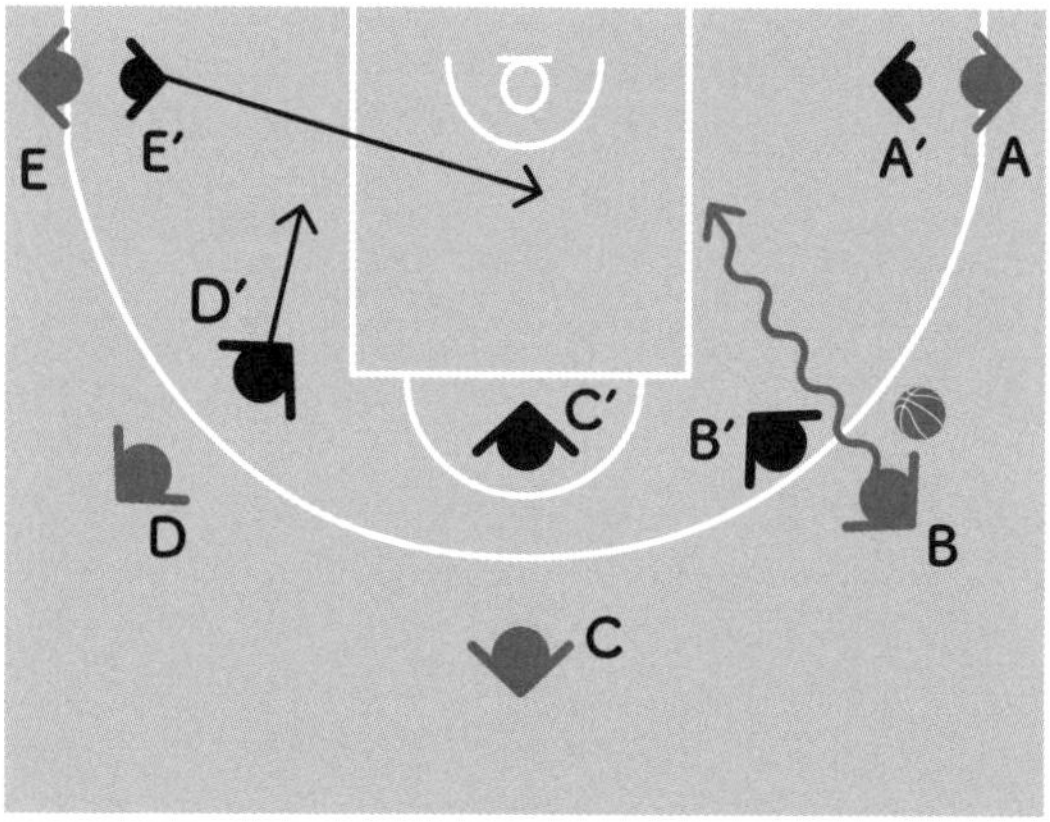

❷

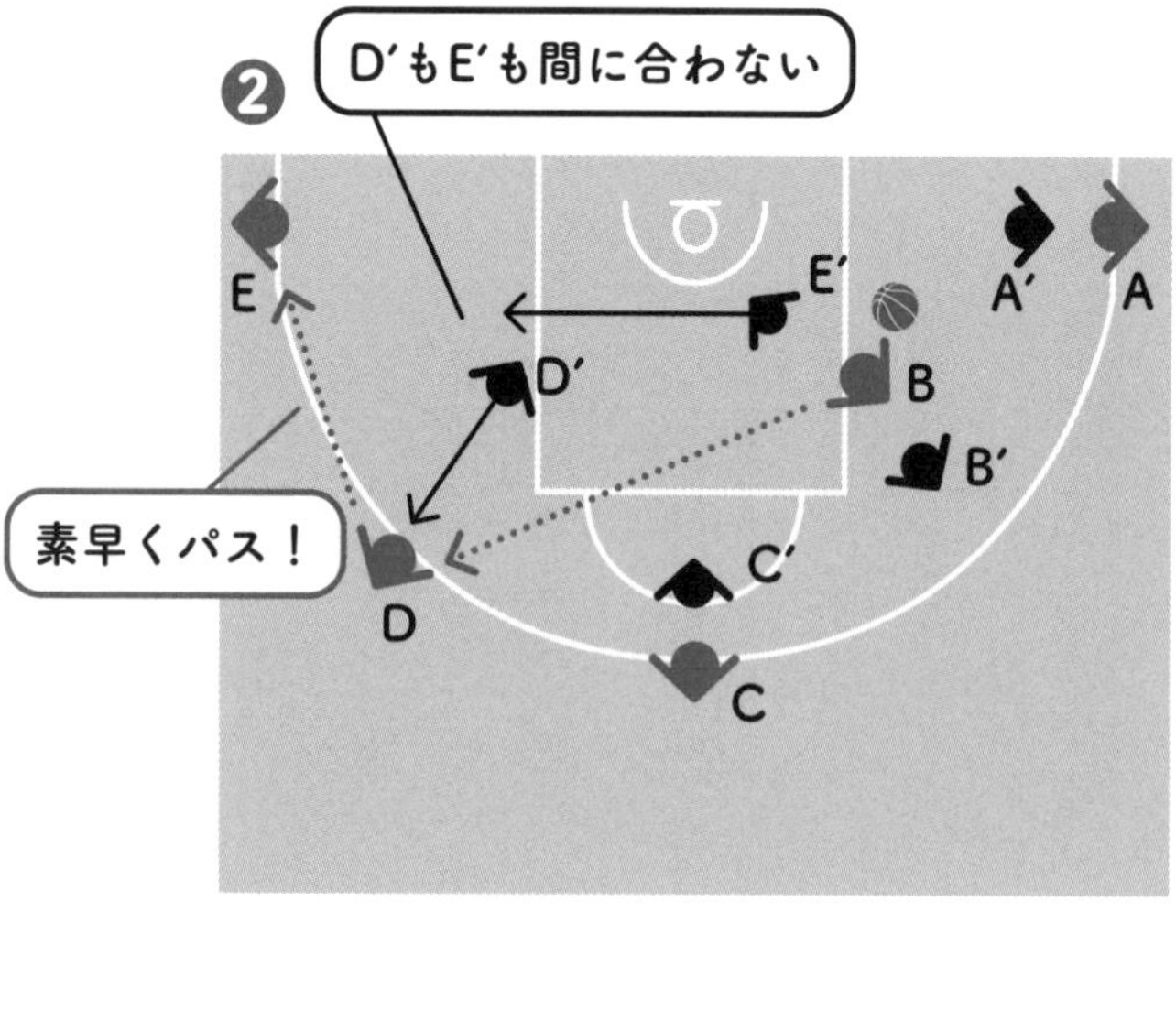

サイズとアスレチック能力の高いBがドライブをした場面を想定します（❶）。EはBのダンクを阻止するためにペイントエリアに入り、Dは1人でDとEを守れる位置に移動します。

左サイドに2対1の数的優位が生まれていますね。

続いて❷です。BがDにパスを出したら、Dはあわてて Dとの間合いを詰めるので、Eはノーマークになります。DがEに即座にパスを出したら、ディフェンス側はそこに送れる選手が誰もいなくなるため、**Eはオープンで3ポイントを放てる**というわけです。

おぉ、たしかにそうですね！

この状態になったら、**コーナーの選手は今か今かという気持ちでパスを待っている**でしょうね。そして、このシュートを担う選手は、普段からここのシュートをめちゃくちゃ練習していると思います。

コーナースリーを得意としている選手は「職人肌」ってイメージがありますね。

今まで話して来たことと多少矛盾しますが、放つ・放たないを迷いながら放つことは、ディフェンスがいる・いない以上にシュートの成功率を低下させます。**ドリブルをつく選択肢すらない狭いエリアで一切迷いなく放てる**ことが、**コーナースリーの期待値を高めている**側面もあると思います。

TIPS 44

優秀なボールハンドラー&スクリーナーはこんな選手!

試合を見ていてクリスさんが**「いい選手だな」と思うボールハンドラーとスクリーナーの特徴**を教えていただきたいです!

いいボールハンドラーは、常に自分のリズムでプレーしている選手です。スピーディに攻めても、じっくり攻めても、ディフェンスがどう守ってきても、**常に自分の意のままに体とボールを扱える**選手。

富樫勇樹選手や河村勇輝選手にはそういう印象を受けますね。

おっしゃるとおり、彼らはBリーグでは最上級のボールハンドラーです。**ペリン・ビュフォード選手**も同様です。なぜそう言えるのかについて少し説明しましょう。

最上級のボールハンドラーの一人、ペリン・ビュフォード選手　© B.LEAGUE

いいボールハンドラー＝自らが望む場所、望むタイミングでスクリーンを使える選手

ピック＆ロールには仕掛けるのに適した代表的な五つの位置というものがあります。**もっとも大事なのはスペースが潤沢にあること。ボールハンドラーが右にも左にも行けるという状況でピック＆ロールをかけるのが理想的**ですし、この位置が数10cmずれるだけで、ディフェンスが1人で2人を守れる状況が生まれるなどしてプレーがうまくいかなくなります。

ディフェンスは当然、この位置をどうにかしてずらそうとするために、あの手この手で守ってきます。ところが先に挙げたような選手たちはこのような**ディフェンスの意図を読んでテクニックで破り、自分が望む場所でピック＆ロールを始められる**し、**予定外な対応があった時にどう対処すればいいかも知っている**。タフに守られてもドリブル

ピック＆ロールを仕掛けるのに適した五つの位置

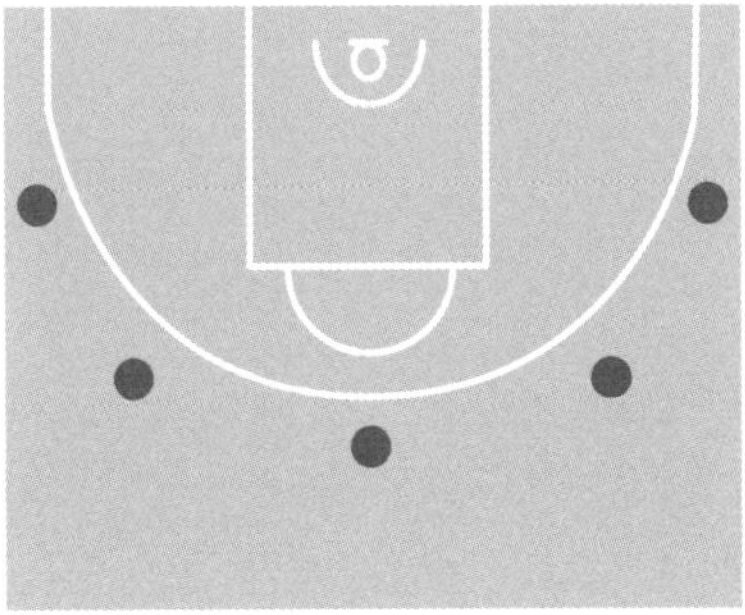

を失うこともなければ、あわてて判断力を失うこともありません。

これはあくまで想像ですが、体育館で練習している時の富樫選手のドリブルと、その他のチームの先発ポイントガードのドリブルの質の差に気づける人はおそらくそんなにいないと思いますが、試合中、特に**緊迫した場面になればなるほど他の選手たちとは異なるドリブル**をしていると感じられると思います。

また、**スクリーナーをちゃんと待てることも優秀なボールハンドラーの条件**でしょう。スクリーンを使う前に、マークマンが理想的な位置できっちりスクリーンに引っかかる状態に仕立て上げなければ、TIPS20で紹介したイリーガルスクリーンをコールされてしまうからです。

よく**「ピック&ロールにはボールハンドラーとスクリーナーの阿吽の呼吸が必要」**と言われますが、スクリーンを使う側のボールハンドラーよりも、実際そのスクリーンを設置する**スクリーナー側のほうが動きをコントロールするのが難しい**もの。ボールハンドラーはスクリーナーの準備が整っているか、そもそもコート全体のポジショニングから判断して今がピック&ロールを仕掛けるタイミングなのかと様々な細かいことにも気を配ることが求められます。

ピック&ロールが展開される
ほんの数秒に、こんなに膨大な
プロセスがあるなんて！

いいスクリーナー＝献身的に体をぶつけ、走れる選手

基本になるのは、ボールマンのディフェンスをしっかり釘づけにできるようなスクリーンをかけられる能力です。**大きく分厚い体が自分の武器であることを認識し、接触を嫌がらずに体をぶつける**。そういった献身的なマインドが何よりも大切です。

TIPS36でも紹介した**ジャック・クーリー選手はBリーグ屈指の名スクリーナー**ですが、**味方を生かすプレーがそのまま自分にいいプレーとして戻ってくる**ことをよく知っている選手です。

次のページの図を用い、実際のシチュエーションで考えてみましょう。トップのピック＆ロールから、ボールハンドラーがドライブでペイントエ

体を張って仲間を生かすスクリーナーにも注目 © B.LEAGUE

リアへ進んでいきます。スクリーナーのディフェンスがこれに対応し、ボールハンドラーがフローターを放ったとして、**オフェンスリバウンドで一番優位になるのはリングに勢いよく走り込んでいるスクリーナー**です。

クーリー選手はこのような原理原則をよくわかっているので、**スクリーンをかけたらフルスピードでリングに飛び込み、こぼれ球をリングに流し込んでエンドワンをもぎ取り、チームに大きな流れを呼び込める**のです。

ピック&ロール後のスクリーナーの動き

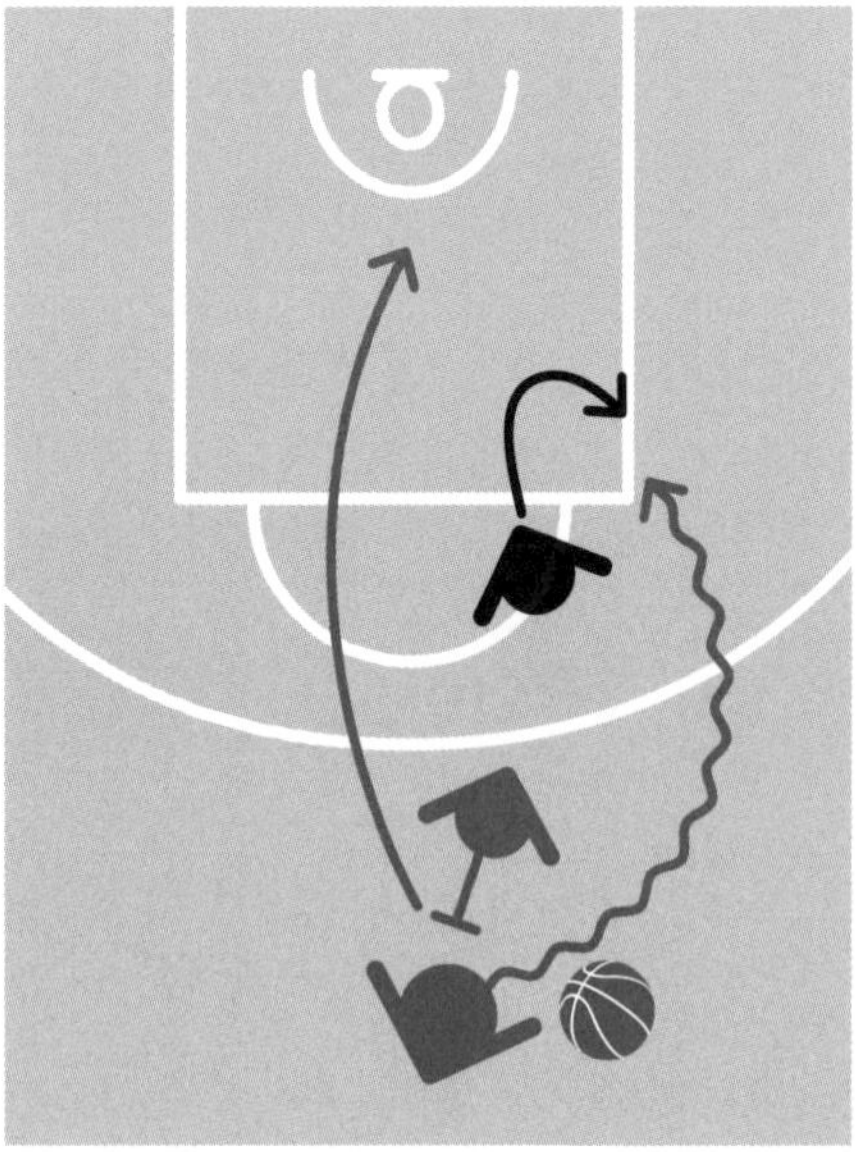

すごく素朴な疑問なんですが、スクリーンって人と人がドカーンってぶつかるプレーですよね。スクリーナーにぶつかってしまう選手って痛くないんですか？

僕も選手時代に経験していますが、痛いです（笑）。**予期しない時にぶつかったらコンクリートの壁にぶつかったくらいの衝撃を受けて、一瞬意識が遠のきます**。

うわぁ……なんて激しいスポーツなんだ……。

スクリーナーはルール上動いてはいけないので、ぶつかるという衝撃はディフェンス側のほうが大きいかもしれませんが、**何度も接触に耐えながら、リバウンドにもいくので、すごいエネルギーをもって戦っている**と思いますよ。

スクリーナーはボールを触っていないので、正直今まではあまり注目できていなかったんですが、これからは今まで以上に尊敬の念をもって観戦させていただきます！

POINT!

熱狂を生む「エンドワン」

ファウルを受けながらシュートを成功させると、さらにフリースローを1本追加でもらえる**「バスケットカウント エンド ワンスロー」**となります。プロの世界では略して「エンドワン」と呼び、選手たちが大声で叫ぶことも。緊迫の場面でこのようなプレーが出ると会場も爆発するかのような歓声に包まれます！

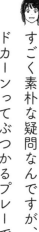

TIPS

45 3ポイントライン周辺全域で活躍！ウイングプレーヤー

ウイングプレーヤーについても教えてください！

かつては45度（ウイング）のポジションを主戦場とする選手をこう呼びましたが、**現代バスケにおいてはボールハンドラーとスクリーナー以外の選手をさし、プレーエリアは45度に限らず3ポイントライン周辺全域**となります。プレーヤーとしての特性も、ダイナミックに速攻を駆け上がる選手、ピック&ロールから生まれたディフェンスのズレを鋭いドライブで攻める選手、3ポイントシュートを決める選手など多岐にわたります。**3&Dと呼ばれる3ポイントシュートとディフェンスの両方に優れた選手**もウイングプレーヤーです。

いろいろな役割があるんですね！

わかりやすく代表的な選手でお伝えすると、**馬場雄大選手**は、196㎝のサイズでアスレチック能力が高く、3ポイントを沈められ、時にボールハンドラーも担える**Bリーグ屈指のウイング**と言えるでしょう。

ディフェンスを散らして数的優位作りを支える「スポットアップ」

ウイングが担う役割で特に重要なのが、**ディフェンスをアウトサイドに釘づけにすることでスペーシングに貢献する「スポットアップ」**です。

おぉ、最近取材現場でよく聞くようになりました。

例えばファーストブレイク（速攻）のシチュエーションにおいて、**ウイングプレーヤーは必ず「コーナーまで走りなさい」**と指導されます。これはなぜかというと、ウイングのCとDが次のページの❶のように**中途半端な位置にいると、ボールマンのAが攻めるスペースが生まれない**からです。

'Aを抜いても左に行ったら'C、右に行ったら

ウイングプレーヤーの代表格！　馬場雄大選手　　© B.LEAGUE

スポットアップ

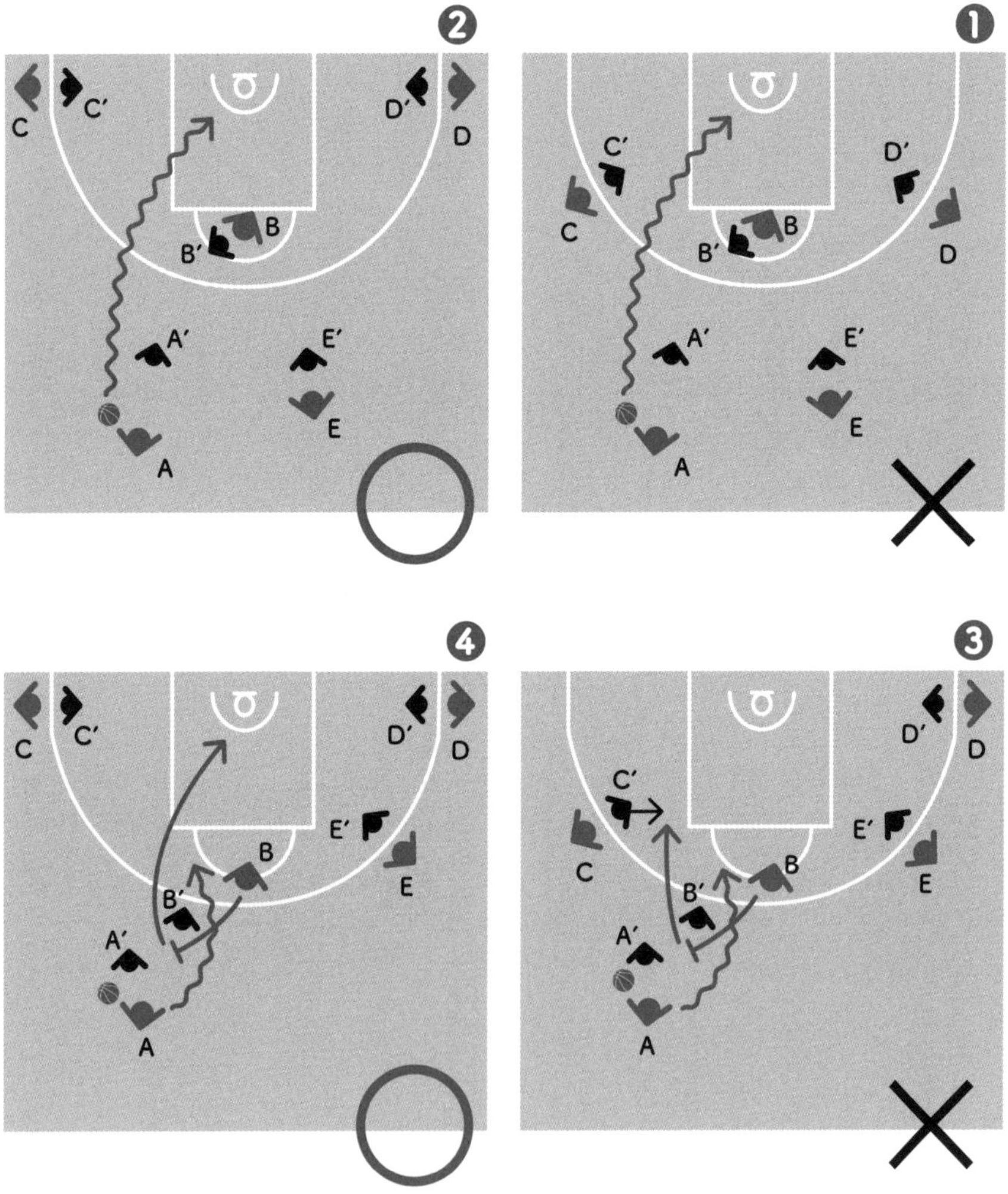

'Bにすぐ捕まってしまいますね。

ところが、❷のように**コーナーまで走ってディフェンスを引き付けておく**と……？

Aは左側から一気にアタックを仕掛けることができます。

その通りです。これは**ハーフコートオフェンスでも同様**です。❸のようにAとBがピック&ロールを仕掛ける状況で、Cがコーナーでなく中途半端な位置にいたら、Bのダイブを'Cが邪魔してプレースピードが落ち、せっかく生まれた数的優位をイーブンに戻されてしまいます。TIPS43で説明したとおり、**コーナースリーは期待値が高いシュート**でもあることも踏まえて、❹のように**コーナーに立って、引力を働かせてしっかりディフェンスを引っ張っておくこと**がとても大切なんです。

コーナーのポジショニングを含め、TIPS37でお話しした**「2人で1人を守らせない」位置取りを常にし続けることが、ウイングに求められる大きな役割**です。その上で、ディフェンスが下がっていれば3ポイントを放てばいいし、泡を食ったように3ポイントを阻止しに来たらドライブで抜けばいい。他のエリアに数的優位が生まれているならパスという選択肢もあります。

ディフェンスの動き方によってプレーを使い分ける判断力の高さも重要なんですね。

TIPS 46

スペースの威力をさらに高める「ペース」の概念

ピック&ロール、スペーシングと並んで現代バスケに欠かせないのが「ペース」という考え方です。**スペーシングの優位性をさらに高めるのがペース、つまりスピーディな展開**です。というのもバスケットボールは、攻防に参加する人数が少なければ少ないほどオフェンス優位なスポーツだから。

ディフェンスの守る範囲が広くなるからですか？

そのとおり！　これこそがスペースの威力です。そしてこの**スペースを自然に生み出せるのがいわゆる速攻、ファーストブレイク**です。

●今も昔も価値の高いファーストブレイク

オフェンスが猛スピードで駆け上がり、ディフェンスがその選手をつかまえきれていない「ワンマン速攻」の場合を想定しましょう。

ディフェンスはまずオフェンスの正面に入ることを考えるので右側への意識が強く、オフェンスはそのまま真っすぐ進むそぶりを見せてから素早く内側に切り込めば、ディフェンスはバランスを崩してマークについていけず、**ノーマークでレイアップまで持ち込めます**。

もしこれが2対2のシチュエーションだったとしても、どちらか一方にヘルプディフェンス（1人のディフェンスをその他選手が助けにいくこと）が寄ったタイミングでパスをさばいたら**その選手の目の前に花道が完成**します。

プレーの価値は時代によって大きく変化してきましたが、**スティールやリバウンドからオフェンスを始める時点ですでに数的優位が生まれている**ファーストブレイクの価値は、今も昔も変わらずとても高いです。

●ペースを上げて「マイナス0・5」を削り出す

そこから突き詰めて、**「オフェンスとディフェンスの人数が同じで数的優位がない状況にもチャンスが潜んでいるのでは？」**というところから生まれたのが、ペースを上げるという考え方です。これを行うことで、守備の連携が取れていない、ディフェンスのポジショニングが整っていない、オフェンスの動きから目線がそれているといった**「マイナス0・5」の状況を作るだけでも、シュートの期待値はぐっと上がります。**

一見すると4対4に見えて、ディフェンスが隙だらけで実は4対3・5みたいな。

『スラムダンク』の時代……つまり90年代は、ポイントガードが10秒ほど時間を使ってボールをフロントコートまで運び、セットプレー（フォーメーション）をコールして、**ショットクロックを時間いっぱいまで使って、5対5のがっぷり四つで戦うのが常識**とされていました。しかし今は**「ボールプッシュ」と呼ばれる素早く駆け上がるドリブル**で、4秒ないし3秒でフロントコートにボールを運び、**有利な状況ができているんだったら早く攻め込んでしまおう**という考え方が常識になりつつあります。

サイズのない男子日本代表が、2m以上がゴロゴロいるような世界の強豪と戦うことを想定してみると、よりイメージしやすいかもしれません。**相手国のビッグマンが**

ディフェンスに戻ってくる前に、190㎝台の3人で素早く攻めてしまえば、身長のディスアドバンテージは軽減されますし、ここに**ピック&ロールをからめることで、さらにチャンスが広がる**でしょう。

急速に進化を遂げている日本のバスケ界においても、**ペースについてはまだまだ改善が必要**に感じます。**Sportradar社のデータによるとNBAの2022-23シーズンのトランジション率**（攻撃全体に対して、ショットクロック最初の8秒くらいでシュートに持ち込む「トランジションオフェンス」がどれくらい占めているか）**はトップチームが20%台、一番低いチームでも13・4%でしたが、B1は24チーム中18チームが13・4%未満。20%台に乗せたチームは一つもありませんでした。**

3ポイントの試投数はリーグ創設当初からかなり増えましたが、こちらはまだまだこれからという感じですね。

NBAでは全シュートの3分の1近くが8秒以内に放たれたというデータがあります。

本当ですか！　もはやどんな展開になるのか想像すらできません……。

TIPS 47

パワー系からアスレチックに変化するビッグマンたち

すごーく単純な質問で恐縮なんですが、ペースが上がったことで選手たちのスタミナに影響はありますか？

選手たちの運動能力やスタミナは格段に進化していると思いますね。**特にビッグマンは顕著**だと思います。Bリーグも、創設当初のポストプレー主体の時代はパワータイプの、ぽっちゃりとしたビッグマンが多くプレーしていましたが、**今はアスレチックな選手でないと戦えないリーグ**になっています。

「タイムシェア」……より多くのロスター（登録選手）**を起用しながら戦うチームが増えた**のも、こういった影響によるものでしょうか。

そういえば『スラムダンク』は、どのチームも6～7人しか出てなかったですね。

そうだと思いますね。これは僕が解説でよく言うことなんですが、どんなにペースを上げたくても、ガードがどんなにスピードがあっても、**ビッグマンが走れないことに**

はペースは上がらないんです。

スクリーナーがいないことにはピック&ロールが仕掛けられないからですか？

おっしゃるとおり。スピーディに攻め上がる**ボールマンの後ろを走って、待ち構えているディフェンスにスクリーンをかける「ドラッグスクリーン」**は、ビッグマンがボールマンと同じくらい走れないとかけられませんし、**ボールマンの前を走るリムランとなるとさらに走力が必要**です。

リムラン、TIPS35で出てきましたね。ビッグマンがペイントエリアに侵入するとディフェンスが集中するから、遅れて走ってきた他の選手たちに数的優位が生まれるプレーでしたよね。

ディフェンス面でも、ピック&ロールを守るためにアウトサイドに出ていかなければいけないし、そこからリバウンドに飛び込まなければいけない。**90年代のビッグマンがほぼペイントエリア周辺のみでプレーが完結していたことを考えると、一番進化したポジション**と言えるんじゃないかと思いますね。

TIPS 48

ディフェンスとはオフェンスのやりたいことを打ち消すこと

ここまでいろんなお話を聞いてきましたが、よく考えてみたらディフェンスのことについて全然聞いていませんでした……。

ぜひディフェンスについても教えていただきたいです！

ディフェンスに関してはとっておきの特効薬がありますよ。

え、それはなんですか！

オフェンスの原則をちゃんと理解することです。**オフェンスがやりたいことをやらせないのがディフェンス**なので。

あ、なるほど……（もっとすごいことかと思ってた……）。

ハハハ、ちょっとがっかりさせちゃいましたね。オフェンスの原則を振り返りながら、**ディフェンスが何をすべきか**を以下にまとめました。

オフェンス	ディフェンス
・期待値の高いシュートを放つ	・期待値の低いシュートを放たせる
・ペイントアタックする	・ペイントエリアに入れさせない
・数的優位を作ってノーマークでシュートを放つ	・数的優位を作らせずタフショットを放たせる
・適切なスペーシングで攻める	・いびつなスペーシングで攻めさせる
・速攻やオフェンスリバウンドで攻撃回数を増やす	・オフェンスリバウンドを取らせない
	・スピーディな展開を消す

TIPS 49 ピック＆ロールの守り方を見抜く方法

これだけしっかりピック＆ロールのことをうかがったので、ピック＆ロールの守り方もうかがいたいところです。

ぜひお願いします！

わかりました。**代表的な守り方を四つ解説**しましょう。**スクリーナーのディフェンスの動き方**を見れば、だいたいどんな守り方をしているかがわかりますよ！

アンダー

TIPS41でも紹介した、スクリーナーの後ろを通ってボールハンドラーの先回りをするプレーです。3ポイントの決定力が高い選手やとてつもないスピードの持ち主には、スクリーンをくぐっている間にやっつけられてしまいますが、そうでない選手には十分に対応できます。

ドロップ

スクリーナーのディフェンスが下に下がって、ドライブしてきたボールハンドラーを守る方法です。下がる位置はペイントエリアに入ったあたりが一般的ですが、ノーチャージセミサークルの中まで入ったり、フリースローラインの上あたりで留まる守り方もあります。もともとボールマンについていた選手がリカバーするまでの時間稼ぎをしながらバスケット付近を優先的に守ります。

アンダー

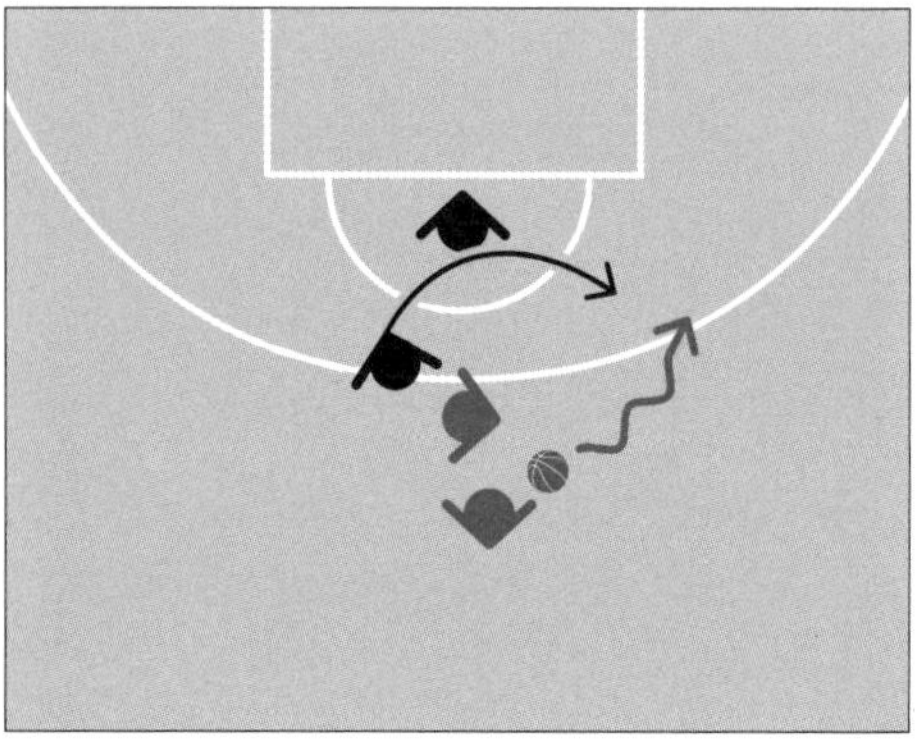

ドロップ

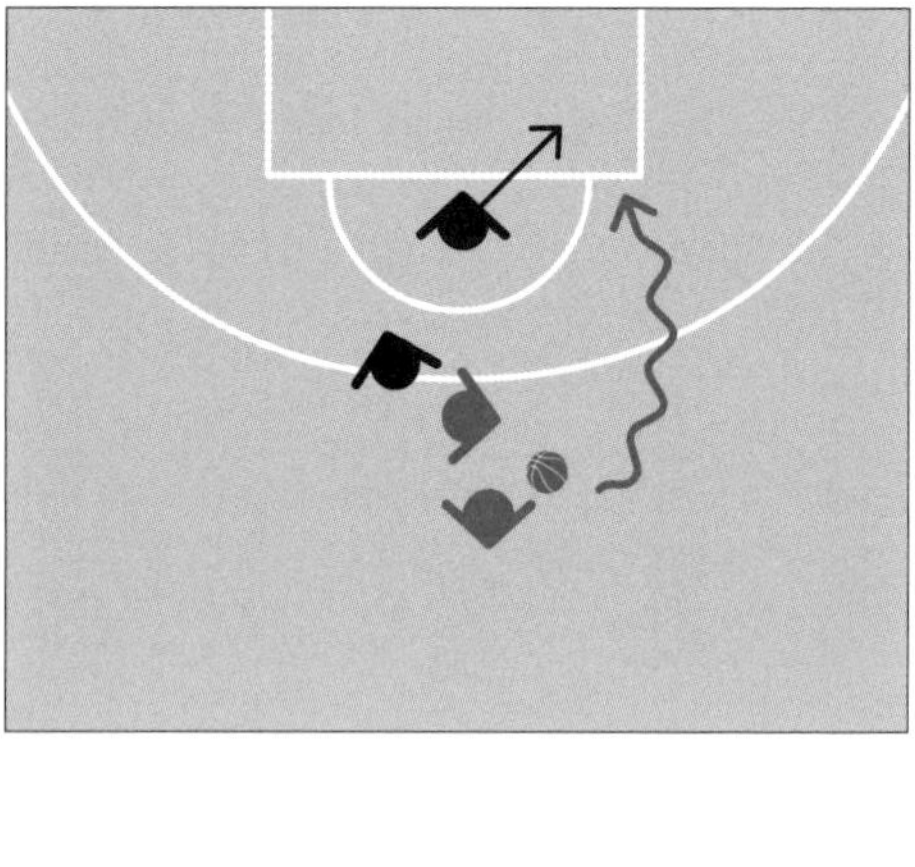

ショー

スクリーナーのディフェンスがスクリーンの位置よりも外に張り出してボールハンドラーにプレッシャーをかける守り方です。ボールハンドラーにアタックを躊躇させることで、スクリーンに引っかかったディフェンスが再びマークにつく時間を作ります。プレッシャーの程度によって「ハードショー」と呼ばれたり「トラップディフェンス」「ブリッツ」といった別名でも呼ばれることがあります。とにかくボールハンドラーにシュートのチャンスを与えたくない時の守り方です。

ショー

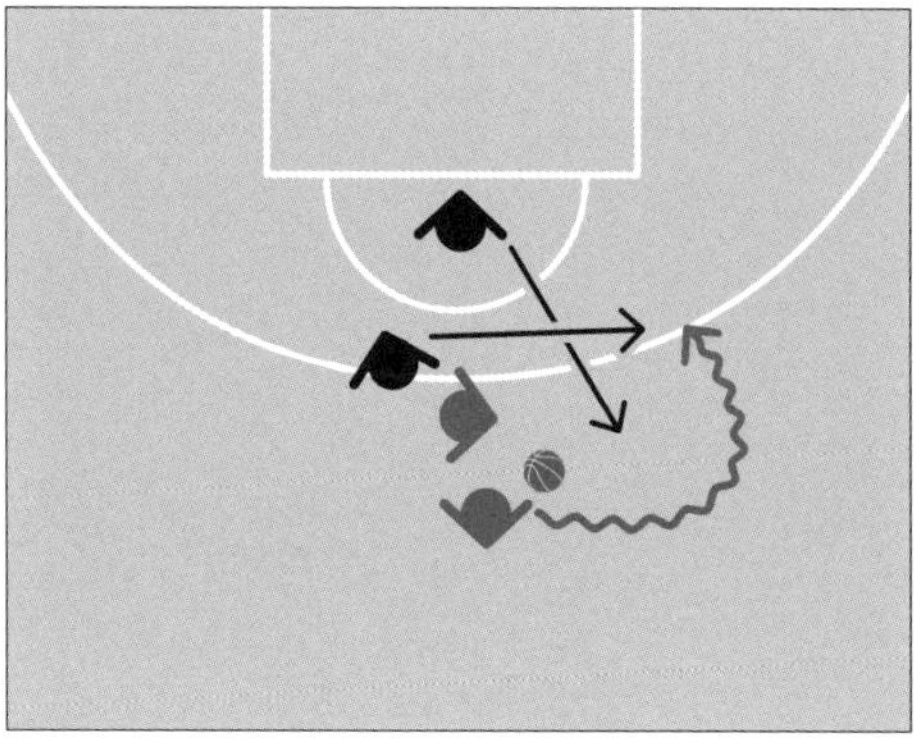

四つ目のディフェンス「スイッチ」は
マークマンを入れ替えて
守る方法ですが、奥が深いので
最後のTIPS50で
しっかり解説します！

TIPS 50

「組織力を奪う」スイッチディフェンス

ピック&ロールのディフェンスにはまだまだポイントがあります!

●数的優位を打ち消すスイッチディフェンス

アンダー、ドロップ、ショーに続いては、**ボールハンドラーとスクリーナーを守る選手が入れ替わる「スイッチ」と呼ばれるディフェンス**です。

スイッチディフェンスの利点は、数的優位が生まれないことです。アンダーとドロップはいずれもボールマンにドリブルからのシュートを放つスキを与えはしますが、基本的にピック&ロールに対してディフェンス2人で対処できるので、その他のエリアにいる3人のディフェンスは過度にヘルプに行く必要がありません。特に**シューターが多いチームの場合、その選手のマークを空けずに守れることはとても重要**です。

それでも相手の1番のスコアラーが富樫勇樹や河村勇輝といった選手の場合、その選手のアタックをある程度許容してしまうのが難点です。ショーディフェンスで彼ら

を止めようとした場合、パスを的確にさばかれると今度は自ら数的優位を明けわたしている状態なので、周りのシューターがオープンになりやすい。つまりオフェンスが優位なバスケットボールではどれも一長一短の守り方になってしまいます。

ところが、スイッチしてみるとどうでしょう？　ボールマンの前には誰かが必ず立ちはだかり、侵入を止めた上、スクリーナーも簡単には飛び込めず、周りもオープンにならない。まさに**ピック&ロールの効力を奪うディフェンス**と言えますね。

このような点を踏まえて、僕はスイッチディフェンスを**「組織力を奪うディフェンス」**と表現します。

バスケットボールというスポーツの攻防は組織と個の連なりでできていて、好守によって**オフェンスの組織力が奪われたら必ず個で打開**しなければなりません。**数的優位がない「0」の状態を自らの力で「1」にできる選手こそがエースプレーヤー**ですが、対戦チームにこのような選手が何人いるかによってスイッチの使い方やタイミングは変わってきます。

入れ替わる（スイッチする）

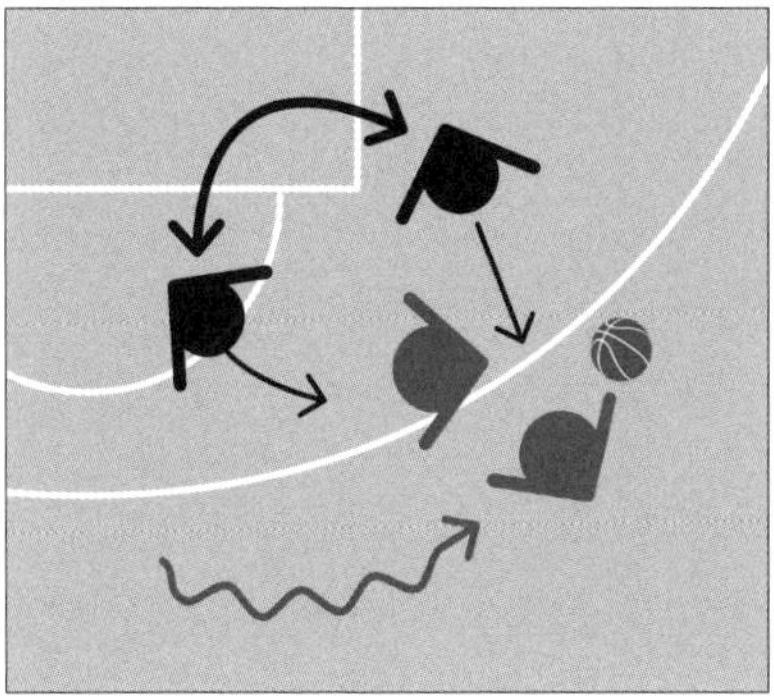

●スイッチの弱点とその解消法

ただスイッチにも、**マッチアップする相手が入れ替わることでオフェンスとの「ミスマッチ」**が生まれ、スクリーナーにアリウープを決められたり、ボールハンドラーにスピードやアジリティ（機敏な動きや素早い切り返し）で崩されるというリスクがあります。

これを解消するために、**オフェンスだけでなくディフェンスでもオールラウンドな選手を揃えることが求められる**のは、最近のバスケットボールシーンの一つの傾向と言えるでしょう。2023−24シーズンにおける三遠ネオフェニックスの成功要素の一つでもあります。TIPS20でもお話ししたように、**スクリーンはディフェンスに考えさせる意味を持った戦術**なので、何度かスクリーンを使っているうちに**ディフェンスが連携ミス**をすることも往々にしてあります。

NBAのチームはスイッチされても、スクリーンをかける場所を変えたりボールを動かし続けたりするなど、**ディフェンスのイレギュラーなプレーを発生させる引き出しを多く**持っています。Bリーグでは現状、スイッチされたら局地戦……つまり**サイズやスピードのミスマッチが生まれたところでの1対1を選択する**チームが多いので、今後各チームがどのような引き出しを準備していくかに注目したいです。

僕からのレクチャーはひとまず以上です。

あゆみさん、どうだった？

ちょっと前まで体育の授業と『スラムダンク』以外の知識が皆無だったのに、一気にバスケ通になった気分です。お二人とも、本当にありがとうございます！　バスケとBリーグがさらに好きになったし、この楽しさをもっといろんな人に知ってもらいたくなりました。今度は友達を誘って観戦に出かけようと思います！

POINT!

ディフェンスにプレッシャーをかけろ！

優秀なボールハンドラーは、スイッチされて大きな相手に行く手を阻まれようとも、ボールを前へ前へと進めることができます。そのアタックが最終的にシュートにつながるかは別としても、リングに攻める姿勢はそれだけでディフェンスに大きなプレッシャーを与え、アメリカでは「Bend the defense（ディフェンスを歪める）」という表現でよくクローズアップされます。富樫選手と河村選手は、これを常に実践している代表的な選手と言えるでしょう。

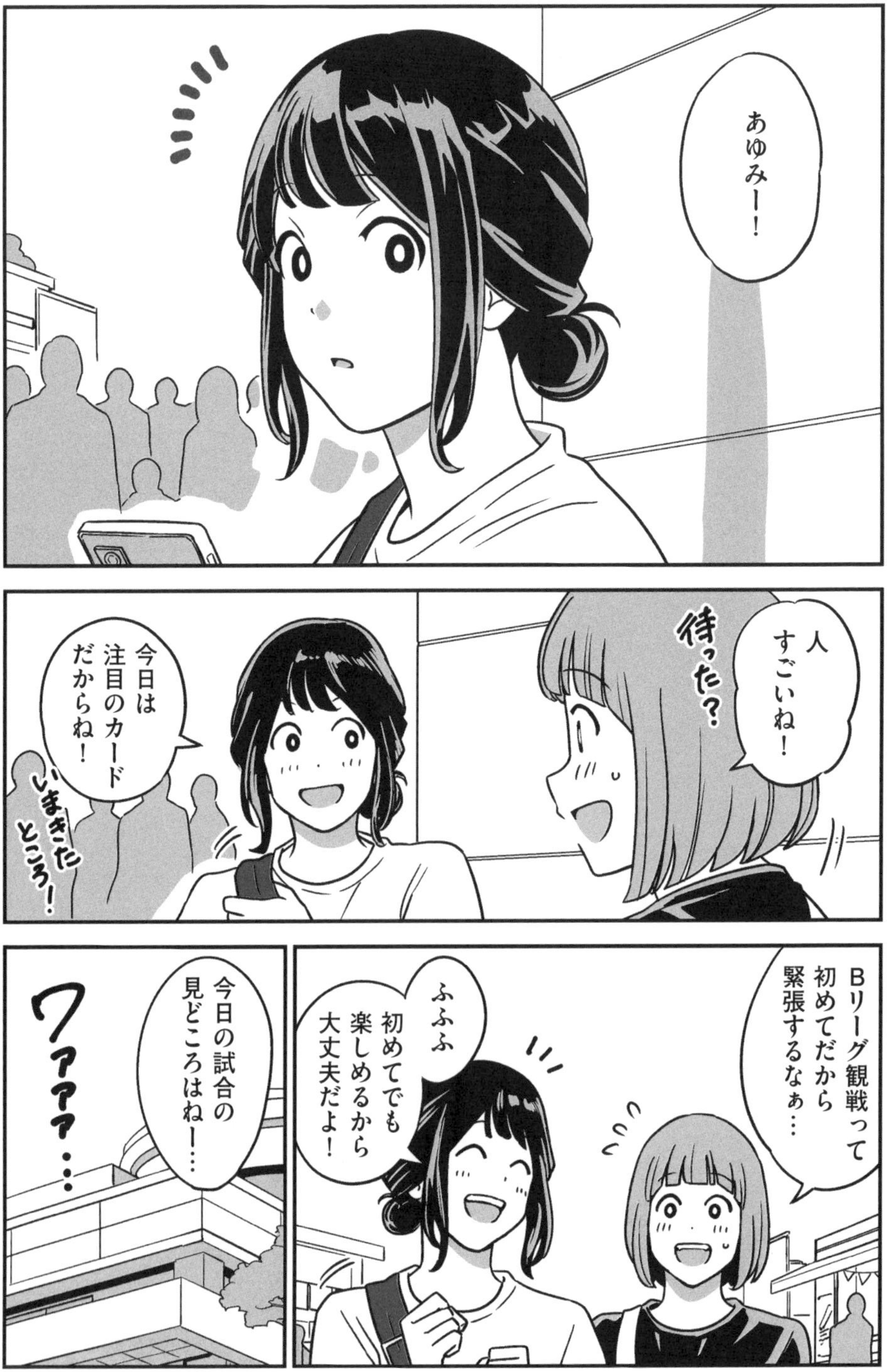
あゆみー!
待った?
いまきたところ!
人すごいね!
今日は注目のカードだからね!
Bリーグ観戦って初めてだから緊張するなぁ…
ふふふ
初めてでも楽しめるから大丈夫だよ!
今日の試合の見どころはね!…
ワァアア…

ワァァァァ…
なんか信じられないですよね Bリーグができる前を思うと
本当ですね
…思えば日本のバスケ界は激動の日々でした
僕がプロとしてプレーしていたころは観客も少なかったし
エンタメとしても成熟していなかった
ワァァァ…
リーグが分裂していたことを理由に国際大会不出場の制裁も受けたし
男子代表はアジアでも苦戦続きでした

でも…
Bリーグができて
日本代表も強くなって
さらに前へ進もうとしている
アリーナもたくさんできましたもんね
Bリーグ誕生10周年の26年にはBプレミアもいよいよ始動ですか
ワァアア…
はい

NBAに次ぐプロリーグを目指す本格的な挑戦が始まります
まだまだBリーグから目が離せませんね！
ええ！
私
こんな激動の時期に立ち会えて幸せです！
あゆみさんのような熱い観戦者
いっぱい増えるといいですね！
もちろん！

ワァアアア……
Bリーグがこれからもっと盛り上がるように
僕も精一杯やっていこう！
ふふ
私たちも負けていられませんね

そうですね！
友達がＢリーグ初参戦！
今日もめっちゃ楽しみます!!
＃Ｂリーグ
＃Ｂリーグ観戦
＃バスケ最高
＃たくさんありがとうございました
僕たちも楽しみましょう！

GLOSSARY（用語集）

ア

アーリーオフェンス
ファーストブレイク（速攻）ほど速くはないが、ディフェンスが整っていない早いタイミングで攻めきる攻撃のこと。TIPS18に即すると4～8秒あたりで発生することが多い

アイソレーション
ボールマン（後述）の選手以外のオフェンスがその選手から離れた状態で行われる1対1

アウトオブバウンズ
ボールがコートの外に出ること

アウトサイド
明確な境界線は定められていないが一般的には3ポイントライン前後、またはラインの外側をさす

アウトナンバー
TIPS24、38などで紹介した数的優位な状態のこと

アジャストメント
相手のプレーや試合の状況に対応してプレーや戦略を調整すること。「アジャスト」と表現されることも多い

アップセット
格下と見られていたチームが格上のチームに勝利すること。番狂わせ。「ジャイアントキリング」と言われることもある

アテンプト
シュートを試みること。いわゆる「試投」

アリウープ
パスされた空中のボールをキャッチしてそのままシュートに持ち込むこと。英語では「alley-oop」と表記される

インサイド
明確な境界線は定められていないが主にペイントエリア内、またはバスケットから半径4.5mほどのエリア

インターセプト
相手チームのパスを奪うこと。「スティール」とも言えるが「パスカット」は日本特有の表現

ウィークサイド
コートを縦に二分し、ボールがないほうのエリア。対義語は「ストロングサイド」

エアボール
リングに当たることもなく失敗したシュート

エクストラパス
ボールを受けた選手がよりよいシュートが放てる次の選手に出すパスのこと

エントリー
特定のオフェンスを始める最初のプレーのこと

オフィシャルタイムアウト
第2クォーターと第4クォーターの各残り5分以降（5分を含む）でシュートが決まる、アウトオブバウンズになるなど最初にボールデッドになった時に自動的に発生するBリーグ独自のタイムアウト

カ

カット
ボールマン（後述）以外のオフェンスプレーヤーがディフェンスを振り切りバスケットへと走り込む動き。「カッティング」とも言われる

キックアウト
バスケットにアタックしている選手がアウトサイドのプレーヤーにパスすること

ギブ&ゴー
パスをした選手が、ボールを離してから即座にバスケットへと飛び込み、リターンパスを受けて得点すること

キャッチ&シュート
パスをもらってそのままジャンプシュート（後述）を放つこと

クラッチタイム
ゲーム終盤の勝敗が決まる重要な時間帯のこと。ここで勝敗を決定づけるシュートのことを「クラッチシュート」、クラッチシュートが得意な選手を「クラッチシューター」と言う

クローズアウト
オフェンスプレーヤーがボールを受けた瞬間、離れた場所からくるディフェンスがシュート

を放たせまいと勢いよく間合いを詰めること

コースト・トゥ・コースト
1人の選手がコートの端から端まで駆け抜けてバスケット付近で得点すること

サ

ジャンプシュート
両足で飛び上がって放つリングに向かって片手で押し出すようなシュート。「ジャンパー」と言われることもある

シュートコンテスト
シュートを放つプレーヤーに対して手を伸ばして邪魔をすること

スカウティング
映像やデータなどをもとに対戦相手のプレーを分析、対策すること

スキップパス
コートを大きく跨ぐようにディフェンスの頭上を飛んでいくようなパスのこと

スティール
オフェンスからボールを奪うこと

スプリント
全力疾走のこと

スモールラインナップ
比較的身長の低いラインナップ（コートに立つ5人）のこと。オフェンスにテコ入れしたい時やスピーディな展開を作りたい時に使うことが多い。対義語は「ビッグラインナップ」（後述）

スリップ
スクリーンに行くと見せかけて、バスケットへ飛び込む動き

セーフティー
攻撃の終わるタイミングで相手の速攻に備えて、速攻を阻止できる位置にいること。主にガードの選手がこれを担う

セットオフェンス
ハーフコートにおいて立ち位置や動きを決めて攻めること。「セットプレー」とも。TIPS18に即すると8秒～16秒あたりで発生することが多い

ゾーンディフェンス
ディフェンダーが特定のエリアに対して責任を負うディフェンス。対義語はマンツーマンディフェンス（後述）

タ

ターンオーバー
バイオレーションを宣告されたり相手にスティールされたりしてシュートできずに攻撃権（ボール）を失うこと

ダイブ
ボールスクリーンをかけたオフェンスプレーヤーがパスをもらうためにバスケットに向かって飛び込むこと。ピック&ロールの「ロール」もこれにあたる

タフショット
激しいプレッシャーをかけられている状態や、時間がなく体勢の整わない状態で放つシュート。対義語は「イージーショット」

ダブルダブル
得点、リバウンド、アシスト、スティール、ブロックショットのいずれかのスタッツのうち2項目で2桁の数字を挙げること。3項目の場合は「トリプルダブル」

ダブルチーム
ボールを持っている選手を2人のディフェンダーで守ること

チームケミストリー
選手間の相性。そこからくる選手間の化学反応によってチーム力は選手個々が備えている以上の力が発揮される

チャージング
オフェンスの選手がシリンダー（TIPS11で紹介）を逸脱してディフェンスの選手にぶつかること

2（ツー）メンゲーム
2人のプレーヤーが連携して展開するオフェンスのこと。ピック&ロールやドリブルハンド

オフ、そしてギブ&ゴー（Give & Go）に対して使われることが多い

テイクチャージ
ディフェンスがオフェンスの進行方向にあらかじめポジショニングし、チャージングを奪うプレー。冷静な判断と勇気が要求される

ディープスリー
3ポイントラインからさらに遠い、深い位置から放たれる3ポイントシュート

ティップ
指先でボールを弾くこと

ディナイ
マークマンにボールを受けさせないように守ること

ディフレクション
ディフェンスがオフェンスのボールに触ってプレーの邪魔をすること

ディレクション
マークマンを決められた方向に追いやるように守ること。ノーミドル（コート中央に行かせない）、ウィーク（利き手側に進ませない）などがある

トラップディフェンス
罠のようにオフェンスを誘い込み、ミスを誘発させようとするディフェンスのこと

ナ

ノーマーク
ディフェンスにつかれていない状態。「オープン」とも

ハ

ハンドオフ
手渡しのパスのこと。ドリブルからのハンドオフを「ドリブルハンドオフ」と呼び、即座にスクリーンもかけることでピック&ロールに近い効果を期待できる

ビッグラインナップ
高さを重視したラインナップのこと。身長の高い選手がボールハンドラーになる、インサイドにサイズのある選手が複数いる場合をさすことが多い。対義語は「スモールラインナップ」（前述）

ファイトオーバー
スクリーナーとマークマンの間に体を挿し込んでスクリーンをかいくぐり、マークを続けるディフェンスのこと

ファイブアウト
オフェンスの選手が5人全員3ポイントラインの外に位置することを軸にした戦術のこと

フェイク
主にオフェンス時にディフェンスを惑わすような動き。日本では「フェイント」とも

フェイスガード
ほとんどボールも見ず、ひたすらマークマンと向かい合ってパスを受けさせないように守るディフェンスのこと。シューターやエースを守る時に使われる

ブザービーター
24秒タイマー、クォーターや試合の終わりを告げるブザーが鳴る中で成功したシュート。時間ギリギリいっぱい、試合で最も困難な場面で成功させるため尊敬を集め、その劇的さから会場は大盛り上がりになる。「ブザービート」は誤用

ブリッツ
ボール保持者に全速力でダブルチームを仕掛けてボールを奪ったり、パスにしむけるディフェンス

プルアップ
ドリブルからジャンプシュートを放つこと

フルコートディフェンス
バックコート（T-PS9で紹介）からオフェンスに激しいプレッシャーをかけるディフェンス。「フルコートプレス」、「オールコートプレス」とも

プレス（ディフェンス）
オフェンスに対して激しくプレッシャーをかけて、攻撃のリズムを狂わせたりボールの奪取を狙うディフェンス

フロアバランス
コート上のオフェンスプレーヤー5人の配置に規律があり整っていると「よいフロアバランス」となる。適切なスペーシングを伴うこ

とが多い

フローター
バスケットから少し離れた位置から放たれる、ふわっと浮いたシュート。相手のシュートブロックをかわす効果がある。スラムダンクでいう沢北の「へなちょこシュート」はこの一種

ヘッドコーチチャレンジ
Bリーグの試合でファウルやアウトオブバウンズなどの判定に対してヘッドコーチがビデオ判定を請求すること。成功・失敗にかかわらず、両チーム1試合に1回のみ使用できる

ペネトレイト
オフェンスプレーヤーがバスケットに向かって守備を突き抜けるようなアタックをすること。その際、ドリブルを用いる方法とカッティングとパスによる方法がある

ヘルプ
味方がマークマンに抜かれた時などに他の選手がそれを助けに行くディフェンス

ボールスクリーン
ボールを扱っている選手を自由にするためにかけるスクリーンのこと。「オンボールスクリーン」とも。ボールを扱っていない選手にかけるスクリーンは「オフボールスクリーン」

ボールマン
ボールを保持している選手のこと

ボックスアウト
リバウンド時に相手とリングの間に入り込み、体で遮って相手をボールに近づけないようにすること。日本では「スクリーンアウト」とも言われる

マ

マークマン
ディフェンス時に自分が守る役割となっている相手のこと

マッチアップ
マンツーマンディフェンス（後述）時にマークするプレーヤーの組み合わせ。ポジションや身長に応じて決まることが多いが、取りたい戦略によってあえて予想外な組み合わせにすることも

マンツーマンディフェンス
各選手がマークマンを明確に定め、その責任においてディフェンスすること

ミスマッチ
マッチアップしている選手との間に、身長や体格、そしてスピードなどの差が生じている状態のこと

ラ

ラン
「10―0のランでAチームが大量リードを奪った」というように一方的に得点が続く攻勢のこと

リカバリー
ヘルプに行ったディフェンスが自らのマークマンに戻ること。「ヘルプ&リカバリー」とひとくくりで紹介されることも多い

リムプロテクター
バスケット付近でブロックを量産する、とにかく相手のシュートを阻害するなどバスケット付近のディフェンスに優れた選手のこと

ローテーション
ヘルプに行ったディフェンスのマークマンがノーマークになってしまうことを防ぐため、別の選手がマークに移るディフェンスの連携のこと。「ヘルプ&ローテーション」とも

ロールプレーヤー
与えられた役割をきっちりこなし、主力選手を支えられる選手のこと

ロスター
試合登録された選手たちのリストのこと。Bリーグでは試合出場が可能となるロスターは12名と定めている

ワ

ワイドオープン
2mくらいの範囲にディフェンスがいない完全なノーマーク状態のこと

あとがき

バスケットボールの魅力とは？　これはインタビューなどで僕が日常的にたずねられる質問です。『今日も聞かれるぞー』と自分にリマインドして、頭の中で回答を準備。ただひとしきりしゃべり倒した後、締めくくりにいざ聞かれると、いつも一瞬のためらいが生じてしまう。

心底バスケに陶酔する人間にバスケを愛する〝理由〟はなく、そのすべてが魅力。満天の星空のように煌びやかな世界。

本書は自分が最も苦手とする〝魅力発信〟を素晴らしいチームが協働してくれることで完成しました。いつも目を輝かせて話を聞いてくださる編集の波多野さん、僕の難解な解説を解きほぐしてくれたライターの青木さん、そして新たな側面を吹き込んでくれたマンガ家の藤野さん、親しみやすくわかりやすいデザインで表現してくれた松田さん、石倉さん、みなさんに心から感謝。そしていつもサポートしてくれる家族にも。この書籍でバスケットボールの魅力をあえて発信する必要のない日本に一歩近づけた気がしています。

佐々木クリス

CREDIT

●佐々木 クリス

ニューヨーク出身。バスケットボール解説者。Bリーグ公認アナリスト。NBAアナリスト。NBAが選ぶアジアのインフルエンサーの一人。青山学院大学経営学部卒業。元プロバスケットボールプレーヤー。NBA、Bリーグの解説、コラムの執筆、YouTubeでの配信など、各メディアで活躍。著書に『100問の"実戦ドリル"でバスケiQが高まる』（小谷究との共著・東邦出版）、『NBAバスケ超分析 語りたくなる50の新常識』（インプレス）がある。

●青木 美帆

フリーライター。早稲田大学在学中に国内バスケの取材・執筆活動を開始。著者として『青春サプリ。心が元気になる、5つの部活ストーリー』シリーズ（ポプラ社）、構成として『異なれ 東京パラリンピック車いすバスケ銀メダリストの限界を超える思考』（鳥海連志/著・ワニブックス）、『指導者と選手が一緒に学べる！バスケットボール練習メニュー200』（陸川章/監修・池田書店）を担当。

●藤野 リョウ

イラストレーター、漫画家。埼玉県出身。多摩美術大学グラフィックデザイン学科卒業。都内美術予備校の非常勤講師を経て、現在はキャラクター表現を主軸に、漫画、イラスト、CMコンテ、絵画など、多岐にわたり活動。著書に『マンガで学ぶ食中毒対策 STOP! 食中毒菌 ドクメン8』『絵とマンガでわかる コーヒー1年目の教科書』（ともにKADOKAWA）がある。

●STAFF

ブックデザイン：松田剛 石倉大洋（東京100ミリバールスタジオ）

協力：B.LEAGUE
有限会社ボイスワークス

編集：波多野公美

B《びー》リーグ超解説《ちょうかいせつ》

リアルバスケ観戦《かんせん》がもっと楽《たの》しくなるTIPS《てぃっぷす》 50

2024年2月29日　初版発行
2024年9月 5日　再版発行

著者　佐々木《ささき》クリス
構成　青木美帆《あおきみほ》
マンガ　藤野《ふじの》リョウ
発行者　山下直久
発　行　株式会社KADOKAWA
〒102-8177 東京都千代田区富士見2-13-3
電話 0570-002-301（ナビダイヤル）
印刷所　TOPPANクロレ株式会社
製本所　TOPPANクロレ株式会社

〔お問い合わせ〕
https://www.kadokawa.co.jp/（「お問い合わせ」へお進みください）
※内容によっては、お答えできない場合があります。
※サポートは日本国内のみとさせていただきます。
※Japanese text only

定価はカバーに表示してあります。

ISBN 978-4-04-606727-2　C0075